AF545572

David Engels

Freiheit und Ideal

12 Lebensbilder des Widerstands

Inhalt

Geleitwort

Anfang November 2022 ging der Sandwirt online, das Magazin des konstruktiven Widerstands, dessen Initiator und Herausgeber ich bin. Schnell wurde mir von mehreren meiner Autoren David Engels empfohlen, der mir bis dahin durch einige schriftliche Kommentare und Interviews auf Youtube zur Ähnlichkeit des Untergangs der Römischen Republik mit dem gegenwärtig stattfindenden Niedergang des Abendlands aufgefallen war.

Nachdem ich mit ihm selbst gesprochen hatte, war mir sofort klar: David Engels hat einen ganz natürlichen, selbstverständlichen Platz im Sandwirt, weil er von Ehre und Gewissen geleitet und einem ganz klaren Ideal folgend sich niemals und niemandem unterwerfen würde.

Wir beim Sandwirt verweigern jenen die Gefolgschaft, die uns im Hier und Heute beherrschen wollen, wir bieten jenen die Stirn, die sich anmaßen, sich entgegen der Konsequenzen aus Vernunft und Aufklärung über uns erheben zu wollen, wir verweigern uns den verlogenen Erzählungen jener, die sich die Vermögen der Bürger zur Beute gemacht haben und die übergriffig bis ins Privatleben hinein unser aller Leben kontrollieren wollen.

Genau solche Menschen, die eigensinnig Widerstand gegen die Destruktion ihrer Kultur leisten und gleichzeitig konstruktiv an einer besseren Zukunft arbeiten, gab es schon immer. Es sind widerspenstige, abtrünnige Selberdenker, die zur Not auch bereit waren, einen hohen Preis dafür zu bezahlen, um vor sich selbst und vor ihren Vor- und Nachfahren aufrecht stehen zu bleiben – David Engels hat zwölf von ihnen in diesem Buch in eindrücklichen Lebensbildern porträtiert und historisch eingeordnet.

Die Texte sind ursprünglich im Sandwirt erschienen und wurden hier in der Reihenfolge ihres Erscheinens über ein Jahr hinweg zusammengestellt. Beim Wiederlesen fällt mir wie in allen meinen Gesprächen mit David Engels sein fröhlicher Optimismus im ungeschminkten Pessimismus auf. Den finde ich wahrhaft inspirierend!

Genau das wünsche ich auch Ihnen: eine inspirierende Lektüre!

Oliver Gorus

Vorwort: Freiheit, Ideal – und Widerstand

Im Europa des 21. Jh. nicht nur Lebensbilder von grossen Widerständlern aus verschiedensten Zivilisationen zu sammeln, sondern auch von der Notwendigkeit zu reden, sich ein Vorbild an ihnen zu nehmen, um gegen die Schattenseiten unserer modernen Welt einzutreten, passiv wie aktiv – ist das nicht recht eigentlich vermessen?

China richtet ein Sozialkreditsystem ein, das jede bislang dagewesene historische Überwachung in den Schatten stellt; die islamische Welt ist zu einem Flickenteppich aus Diktaturen und Bürgerkriegen geworden; die afrikanische Welt scheint ihrer Bevölkerungsexplosion und endemischen Korruption nur durch den Export von Migranten und den Import von Entwicklungshilfe Herr werden zu können; Rußland wird mehr denn je durch die eiserne Faust von Kriegswirtschaft und KGB-Eliten zusammengehalten; in den USA spitzt sich die Staatskrise zwischen Republikanern und Demokraten in ungeahntem Ausmaß zu und erlebt der Wokeismus seine surrealsten Höhe- oder Tiefpunkte: Sollte da nicht gerade das „alte Europa" trotz seiner vielfachen Schwächen als eine Insel von Freiheit und Idealismus scheinen

– und jeder Kritiker als Nestbeschmutzer, ja geradezu als Saboteur, der durch sein „Klagen auf hohem Niveau“ das, auf das er doch eigentlich stolz sein sollte, unfreiwillig, aber doch in unverantwortlicher Weise auch noch un-terminiert?

Nun, der Leser dieses Bandes wird sich nicht wundern, daß der Verfasser diese Frage mit „Nein“ beantwortet, und das aus mehreren Gründen.

Zum einen wäre da als Grund der Unwillen, in die Falle des Relativismus zu tappen: Die Tatsache, daß alle gegenwärtigen Alternativmodelle zum real existierenden Europa negativer sind, muß uns als Individuum nicht dazu zwingen, eine Situation nur deshalb emphatisch zu befürworten, weil sie „weniger schlimm“ als andere ist: Ganz im Gegenteil sollte uns diese Einsicht gerade-zu verpflichten, dafür Sorge zu tragen, daß unsere ei-gene Lebenswelt eben nicht, wie viele Indizien bereits suggerieren, denselben freiheitsberaubenden und autoritären Weg geht wie der Rest der Welt, umso mehr als letztere eine nicht zu vernachlässigende Sogwirkung auswirkt. Denn unsere Verflechtung mit den immer mächtigeren Zivilisationsstaaten in West wie Ost ist im Guten wie im Bösen solchermaßen, daß wir uns den Entwicklungen außerhalb unseres kleinen Kontinents niemals ganz entziehen können, wollen wir handlungs-

und wettbewerbsfähig bleiben und gleichzeitig unsere eigene Autonomie und Identität bewahren; umso wichtiger also, daß wir bei dieser vielfachen Transformation der Welt unsere Seele nicht verkaufen.

Zum anderen sollte die Kulturgeschichte zu bedenken geben, daß die Weltlage kaum losgelöst von der Situation Europas zu beachten ist – und zwar nicht im Sinne jener Lebenslüge, derzufolge alle Übel dieser Erde nur auf die Untaten des bösen alten weißen Mannes zurückzuführen seien, aber doch dergestalt, daß ein Gutteil aller jener Krisenfaktoren, die diese Erde gegenwärtig belasten, ihren Ursprung in Entscheidungen haben, die in der nahen oder fernen Vergangenheit in Europa getroffen wurden (übrigens oft genug, wahrscheinlich sogar überwiegend mit bestem Gewissen): Hochkarätige medizinische Versorgung, Hochtechnologie, demokratische Strukturen, Telekommunikation, schnellste Fortbewegungsmittel, Unterhaltungsindustrie, aber natürlich auch Massenvernichtungswaffen und vieles mehr – in ihrer gegenwärtigen Form sind sie allesamt im Abendland des 19. und 20. Jh. entwickelt und vom Rest der Welt lediglich übernommen worden. Vieles von dem, was nunmehr außerhalb Europas geschieht, findet daher in einem Rahmen statt, der einstmals von und in Europa definiert wurde und somit höchst aussagekräftig dafür ist, was auch in unserer eigenen Geschichte angelegt ist. Wer Europa verändert, verändert daher die Welt – ein Satz, der auch heute volle Gültigkeit hat. Noch ...

Kurz und gut: Wir haben nicht nur das Recht auf Widerstand, wir haben auch die moralische Pflicht dazu – aber nur, wenn die Werte, für die wir einstehen, in der Tat in einer Weise bedroht sind, welche es nötig machen, uns dem scheinbaren „Konsens" zu versagen und uns somit, wenn nötig, ultimativ außerhalb von Gesellschaft, Staat und auch Gesetz zu stellen, wie ja auch bereits im deutschen Grundgesetz angelegt (Art. 20 Abs. 4): Die tragischen Ereignisse so vieler Diktaturen haben zur Genüge gezeigt, daß Institutionen und Gesetze nur so viel Wert haben wie die Menschen, die sie auslegen und durchsetzen, und daß parlamentarische Mehrheiten zwar durchaus formal legale Ordnungen begründen können, deren moralische Legitimität aber in einem Bereich verankert ist, der jenseits der Politik liegt.

Diese Werte, die alleine Widerstand moralisch rechtfertigen, befinden sich dabei im Spannungsfeld zweier Pole, die zentral für die Entscheidung zum Widerstand stehen und nur in ihrer Gemeinsamkeit begriffen werden können: Freiheit und Ideal.

„Freiheit“ bedeutet unsere Fähigkeit, uns selbst zum Zentrum unserer eigenen Existenz zu machen, also nicht zur Funktion unseres Umfelds zu werden, sondern eigenbestimmt unser Leben zu führen – und wenn wir freilich als sterbliche Einzelwesen auch nur sehr beschränkt fähig sind, unsere Umwelt in umfassender Weise zu verändern, liegt es doch einzig an uns, wie wir innerlich mit unseren Lebenserfahrungen umgehen, in welchem Grade wir diese also passiv erleiden oder auch aktiv als Individuum be- wie verurteilen, denn selbst im bloßen individuellen „Nein“ liegt schon eine große Kraft, auch wenn es scheinbar keine unmittelbare Veränderung der Situation bewirkt. Diese „Freiheit“ zum eigenen Lebensentwurf kann aber nicht nur Freiheit „von“ etwas bleiben, sie muß auch eine Freiheit „zu“ etwas werden, wenn sie sich voll entfalten soll.

Hier tritt der andere Pol in Aktion, nämlich das „Ideal“, also jene Werte, die wir als Leitlinien unseres Handelns erkennen, und ohne die unsere Freiheit in Beliebigkeit zerfällt. Aber auch dieses Ideal muß an eine gewisse äußere Realität gebunden sein, wenn es für unsere Lebenserfahrung sinnvoll werden und nicht im reinen Relativismus verharren soll – gerade heute, wo alles nur noch das Resultat eines ziellosen, rein situativen „Aushandelns“ zu sein scheint, eine wichtige Erkenntnis. Das höchste Ideal muß seinem Wesen nach daher ebenso absolut wie transzendent sein, um unser Leben ganz und gar mit höchstem Sinn füllen zu können, und es ist daher kein Wunder, daß jede Hochkultur ihr spezifisches Bild jenes „Wahren, Guten und Schönen" entworfen hat, das für uns zwar immer nur in Annäherung zu erreichen ist, nichtsdestoweniger als vollumfängliche Realität angenommen werden muß und alleinige Richtschnur unseres Handelns sein darf, von der jedes Menschengesetz nur ein vorübergehender Abglanz ist.

Der Sinn unserer „Freiheit" ist daher in letzter Instanz durch den Dienst am „Ideal" definiert, und jenes „Ideal" ist gleichzeitig nur deshalb würdig unserer Opfer, wenn wir erkennen, daß es nicht etwa eine fremde, äußere Macht darstellt, sondern gleichzeitig auch unseren eigenen Wesenskern ausmacht, jenes unsterbliche Etwas, das uns zu mehr als einer beliebigen Ansammlung von Atomen macht. Wahre Freiheit führt zur freiwilligen Einsetzung der gesamten Persönlichkeit im Dienste jenes Höchsten; und jenes Höchste, wahr verstanden, führt nie zur arbiträren Beschränkung von Freiheit, sondern füllt sie erst mit Sinn und führt sie zur vollen Entfaltung.

Beide Begriffe sind heute bedroht, auch und vielleicht gerade im modernen Europa, wie wir in den folgenden

Fallstudien unter verschiedensten Blickwinkeln sehen werden, wenn auch der Kampf um Freiheit und Ideal keine neue Erscheinung ist, sondern immer wieder die gesamte Menschheitsgeschichte prägte. Wo Relativismus, Hedonismus, Nihilismus und unzählige falsche Götzen an die Stelle des Einen und Wahren treten, da wird dem Menschen der Weg zur Erkenntnis des Ideals, also der Transzendenz, verstellt, werden ehrwürdige Traditionen in den Dreck gezogen, wird der gesamte Machtapparat von Staat und Gesellschaft zur Indoktrinierung eingesetzt, werden alte Werte „umgewertet", werden Menschen dazu gezwungen, ihren Überzeugungen abzuschwören, kommt es zu jenem berühmten „Fair is foul and foul is fair", das wir alle in unserem Leben in der einen oder anderen Weise erfahren haben.

Und auch die Freiheit des Einzelnen wird dadurch bedroht: Wo der Staat, das „kälteste aller kalten Ungeheuer", im Namen der verschiedensten Ideologien den Menschen nur noch zu einem kleinen Rädchen in einer gewaltigen Maschinerie degradiert und systematisch seiner Rechte beraubt, falls er seine eigenen Werte setzen will, da muß irgendwann einmal eingesehen werden, daß das Ziel, so hehr es auch klingen mag, nicht die Mittel rechtfertigt, und letzten Endes das zählt, was tatsächlich geschieht, und nicht die zahlreichen -ismen, die den Ereignissen zur Legitimation vorgeblendet werden.

In beiden Fällen ist „Widerstand“ zum Schutz der Freiheit wie auch im Dienst des höchsten transzendenten Ideals keine bloße Option, sondern eine alternativlose Pflicht – heute wie in der Vergangenheit und in der Zukunft.

Die Sieben Weisen im Bambushain

Wohin wir auch schauen, unsere Freiheit wird bedroht. Ob es nun um die Bargeldabschaffung geht, die Eingriffe in unsere körperliche Unversehrtheit, die Einschränkung unserer Meinungsfreiheit, die zunehmende Hetzjagd gegen alles, was nicht politisch korrekt zu sein scheint, oder schließlich die bereits in Italien stellenweise durchexerzierte Einführung einer europäischen Variante des chinesischen Sozialkreditsystems – überall ist die Freiheit auf dem Rückzug. Und das Schlimmste daran: Die Mehrheit der Bevölkerung scheint sich für diese schreckliche Sachlage nicht zu interessieren, ja beteiligt sich sogar noch daran, all jene, welche auf die Mißstände hinweisen und zur Verteidigung unserer Rechte aufrufen, zu marginalisieren, ja gar aktiv zu verfolgen und ihre Existenz zu zerstören.

Nicht erstaunlich, daß jene, die den Tatsachen ins Auge sehen, schnell eingeschüchtert sein können oder doch zumindest den Eindruck haben, allein auf weiter Flur zu stehen und entweder die innere oder äußere Emigration wählen zu müssen. Und doch – gerade in diesen Momenten ist es wichtiger denn je, sich daran zu erinnern, daß Zeiten der Unterdrückung keineswegs neu sind in der Weltgeschichte, sondern zu allen Epochen und in allen Kulturen geläufige Zustände waren, welche früher oder später (manchmal leider tatsächlich eher später als früher) ein Ende finden werden – doch nur, wenn die letzten anständigen Menschen durchhalten und die Grundlagen dafür schaffen, daß Umbruch und Wiederaufbau erfolgen können.

Widerstand made in China

Genau dies soll Thema unserer kleinen Chronik sein: Nämlich regelmäßig an jene großen Männer und Frauen zu erinnern, welche auf scheinbar aussichtslosem Posten die Fahne der Freiheit und des Anstands hochhielten, komme, was da wolle, und die oft genug für ihren Mut nicht mit Erfolg belohnt wurden, sondern vielmehr teuer bezahlen mußten – manchmal sogar mit ihrem eigenen Leben. Dennoch: Umsonst war der Kampf nie, da manchmal nur das Opfer des Einzelnen die Möglichkeit bietet, alle anderen Menschen zum Aufwachen und zum Widerstand anzuleiten – ein Opfer, das natürlich nur denen möglich ist, welche wissen, daß es höhere Werte in dieser Welt gibt als das eigene Wohlbefinden und Leben.

Angesichts der weit verbreiteten Stereotypen zur chinesischen Kultur und ihres angeblich endemischen Kollektivismus mag es eine Überraschung für manche Leser sein, unser erstes Beispiel gerade aus Ostasien zu nehmen. Und doch bietet gerade die chinesische Zivilisation unzählige Beispiele dafür, daß auch eine Jahrtausende alte Tradition autoritärer und bürokratischer Verwaltung nicht ausreicht, den Widerstandsgeist ihrer Bürger ganz zu unterdrücken, so daß ganz im Gegenteil gerade in China eine reiche Tradition des inneren Widerstands wie auch der Revolution herrscht, die auch durch die neue kommunistische Verfassung keineswegs ausgerottet worden ist.

Unbezwingbare Geister

Es ist daher wohl kein Wunder, daß eines der am weitesten verbreiteten historischen Motive der chinesischen Malerei im Thema der „Sieben Weisen im Bambushain" besteht – einer schon fast mythischen Gruppe hoher Reichsbeamter, welche sich in Anbetracht des konfuzianischen Unrechtsregimes der Jin-Dynastie im 3. Jh. im wörtlichen Sinne zum Waldgang entschlossen hatten: Einige verfaßten regimekritische Gedichte, andere daoistische Betrachtungen, noch andere schlüpften in die Rolle ständig betrunkener Hofnarren, um ihre innere Freiheit zu bewahren – alle aber, so die Tradition, fanden sich regelmäßig in einem Bambushain in Shangyang zusammen, um zusammen die Freuden des einfachen Leben, des guten Essens (und Trinkens), der Natur und der freien Dichtung zu genießen und somit einen Gegenpol gegen die Repression zu bilden – bis ihr spiritus rector, Ji Kang, ein berühmter Reichsbeamter, Philosoph, Dichter und Guqing-Virtuose, vom Kaiser ins Gefängnis geworfen und exekutiert wurde – nicht ohne im Angesicht des Todes ein letztes (und verlorenes) Stück auf seinem Instrument zu improvisieren.

Bis heute stellen die „Sieben Weisen" für die chinesische Kultur das archetypische Beispiel des Widerstands gegen die Staatsgewalt dar und beweisen, daß nicht nur das Eremitentum den einzigen Ausweg aus den Zwängen einer seit Jahrtausenden bis ins Feinste durchdachten Staatsmaschine bietet, sondern eben auch der Verzicht auf Mittäterschaft und der freie und übermütige Aus-tausch unbezwingbarer Geister.

Gemeinsam aufrecht

Und wenn dem Geschick des Einzelnen auch ein höchst unterschiedliches Ende bereitet war und nicht jeder zum Martyrium beschaffen gewesen sein mochte – als Gruppe personifizieren die Sieben Weisen bis heute die tiefe Überzeugung, daß der Widerständler gegen staatliche Repression niemals so einsam ist, wie es ihm manchmal vorkommen mag, und selbst angesichts tiefster Verzweiflung ein Leben in Freude, Freiheit und Wahrheit möglich sein kann.

Mögen die Sieben Weisen auch keine Reform, keine Revolution, keinen Putsch bewirkt haben – ihr Bildnis prangt bis heute an zentraler Stelle inmitten der zahlreichen kanonischen Illustrationen aus der chinesischen Kulturgeschichte im „Langen Korridor“ des Sommerpalastes in Peking und zeigt, daß auch der Kaiser sich schließlich damit abfinden mußte, daß Widerstand gegen die Allmacht des Sohns des Himmels kein Verbrechen sein muß, sondern Ausdruck höchster ethischer Gesinnung sein kann.

Tomislav Kolaković

Er wurde ebenso von der Gestapo wie vom kommunistischen Geheimdienst verfolgt, ertrug Vertreibung, Gefängnis, Verhör und Exil und organisierte inmitten von Weltkrieg und Totalitarismus abenteuerliche konspirative Widerstandszellen, die jegliche Repression überdauerten und 1989 schließlich entscheidend zum Fall der sozialistischen Diktatur in der Tschechoslowakei beitrugen – die Rede ist vom Jesuitenpriester Tomislav Kolaković, dessen Leben und Wirken uns allen gerade heute ein Beispiel sein sollte.

In den letzten Jahren ist Kolaković nicht von ungefähr zunehmend in den Vordergrund des Interesses geraten; nicht zuletzt aufgrund der großen Bedeutung, die er in Rod Drehers neuestem Buch „Live not by Lies" einnimmt. Daß freiheitlicher Widerstand nicht unbedingt immer auch mit einer libertären Lebensphilosophie einhergehen muß, sondern auch in höchst prominenter Weise gerade von jenen organisiert werden kann, welche ein ganz anderes, traditionelleres Verhältnis zur Frage der Transzendenz pflegen, scheint mir auch für diese Kolumne eine interessante Lektion zu sein: Die Gefahr für die Freiheit ist mittlerweile so groß für uns alle geworden, daß es dringend Zeit für ein Zusammengehen aller Menschen guten Willens geworden ist – heute genauso wie damals, 1989.

Zellen des Widerstands

Vater Kolaković flüchtete während des Zweiten Weltkrieges vor der Gestapo aus Kroatien und fand 1943 in der Slowakei, dem Ursprungsland seiner Mutter (deren Namen er damals übernahm), eine neue Heimat. Was ihn vor allem für uns so interessant macht, war seine prophetische Einsicht, daß die Niederlage der Achsenmächte und der zu erwartende Einmarsch der sowjetischen Truppen nicht etwa Freiheit, sondern viele Jahre, wenn nicht Jahrzehnte kommunistischer Herrschaft bedeuten würden.

Kolaković hatte am „Russicum" studiert, dem Pontificalcolleg, das ganz auf das Studium der damaligen Sowjetunion ausgerichtet war, und wußte also nur allzu gut, was in Kürze ganz Osteuropa erwarten würde. Er begriff daher, daß es darauf ankam, jene wenigen Monate des Umbruchs und des Chaos so vollständig wie möglich dazu zu nutzen, resiliente und gleichzeitig dezentrale Strukturen zu schaffen, die auch unter dem kommenden Druck nicht zerbrechen würden und zu Zellen des Widerstands für eine zwar unklare, aber umso wichtigere Zukunft des Kampfes um die Freiheit werden könnten.

Die solchermaßen geschaffene Struktur nannte Vater Kolaković die „Rodina“, die „Familie“, deren Ziel es ausdrücklich war, nicht nur als Gegengewicht zur befürchteten kommunistischen Diktatur zu dienen, sondern auch zur katholischen Kirche, da zu befürchten war, daß diese bald unter großen politischen Druck geraten und wohl auch vom sozialistischen Geheimdienst unterwandert werden würde: Es ging also um ein dezentral organisiertes Netzwerk kleinster christlicher Gemeinden, die ihren Sinn für persönliche wie religiöse Freiheit sowohl gegen den Staat als auch gegen Teile der eigenen Kirche zu verteidigen dachten – mit allen sich daraus ergebenden Konsequenzen, die von Diffamierung über Gefängnis und Folter bis zum „tödlichen Unfall“ reichen konnten.

Menschen guten Willens

Zu diesem Zweck wurden in kleinen konspirativen Zellen mit generell weniger als zehn Personen regelmäßig strategische Treffen, politische Seminare und spirituelle Übungen organisiert sowie illegale Publikationen (Samizdat) diskutiert und verteilt, um grundlegende Fragen des zivilen Widerstands zu besprechen, sich ganz konkret auf Festnahme und Befragung vorzubereiten, Solidarität mit den Familien von Verfolgten und Inhaftierten zu schaffen und auch sämtliche geistlichen Voraussetzungen zu legen, im Notfall selbst das Martyrium aufrecht und würdig zu bestehen.

Kolaković und seine Mitarbeiter wurden wie erwartet bald nach dem sowjetischen Einmarsch festgenommen und eingesperrt, Kolaković selbst des Landes verwiesen – es begann eine lange Zeit der Prüfung für die „Rodina“. Trotzdem war es gelungen, die Grundlagen für einen friedlichen Widerstand zu legen, der im Laufe der nächsten Jahrzehnte stetig wachsen und sich verfestigen sollte und schließlich mit Initiativen wie der „Petition der mährischen Katholiken“ 1987 oder der Kerzendemonstration in Bratislava 1988 entscheidend zum Fall des Kommunismus auch in der Tschechoslowakei beitragen konnte.

Es braucht wohl kaum noch besonders hervorgehoben zu werden, wie sehr uns dieses Vorbild auch und gerade 2022 inspirieren sollte: Auch heute ist unsere Freiheit zunehmend bedroht; auch heute steht zu befürchten, daß Sozialkreditsysteme, Überwachungsapparate, Zensur, öffentliche Schmähreden, kollektives Wegschauen und Eingriffe in die körperliche Unversehrtheit die gegenwärtige Zeit im Rückblick noch als letzten Schimmer der Freiheit vor einer langen Dunkelheit erscheinen lassen werden.

Welche Konsequenzen sich für alle Menschen guten Willens daraus ergeben, welche fest davon überzeugt sind, daß es Ideale gibt, die höher sind als nur unser eigenes, individuelles und vorübergehendes Wohlempfinden, sollte wohl evident sein. Egal, wo sich der heutige Freiheitskämpfer weltanschaulich oder religiös verortet: Kolaković sollte ihm Lehre und Inspiration sein – solange noch Zeit ist.

Cato der Jüngere

Er trug einen großen Namen und versuchte zeitlebens, sich nicht nur der vielfältigen Chancen zu bedienen, die dieses Erbe mit sich brachte, sondern auch, sich seiner Verantwortung würdig zu erweisen – bis in den Tod. Die Rede ist von Marcus Porcius Cato dem Jüngeren, Urgroßenkel des berühmten Cato des Älteren. Inmitten einer von innen verfallenden und von außen bedrohten Republik schien er einer der Letzten zu sein, der jene Ideale hochhielt, die Rom einst groß gemacht hatten, und bezahlte dafür mit seinem Leben. War sein Opfer umsonst? Nicht ganz.

Letzter Widerstand

Cato stand innenpolitisch auf Seiten der Optimaten, welche die populistische Demagogie der Popularen ablehnten und vielmehr das auf altrömischen Tugenden gründende Ausgleichsdenken der alten senatorischen Adelsgeschlechter bevorzugten.

Freilich stand auch in seiner eigenen Partei nicht alles zum Besten, da sich aus dem ursprünglichen Verantwortungssinn jener Meritokratie vielmehr eine verfilzte Klüngelwirtschaft entwickelt hatte, deren Korruption nicht zu Unrecht vom einfachen Volk und seinen Vertretern angeklagt wurde. Doch hoffte Cato, durch ständige Berufung auf die Werte der Vergangenheit sowie sein persönliches Beispiel seine Standesgenossen wieder auf den Pfad der Tugend zurückzuführen.

Doch vor allem wehrte Cato sich gegen alle Versuche charismatischer Politiker, mit Hilfe des Volks die Alleinherrschaft zu ergreifen und die römische Republik in eine Art kosmopolitische, plebiszitär abgestützte hellenistische Monarchie umzuwandeln. Es waren dabei vor allem die Ambitionen Caesars, die Cato bitter bekämpfte, bis er im Bürgerkrieg nach der Niederlage von Pharsalos 49 v.Chr. die letzten republikanischen Truppen nach Nordafrika begleitete und dort den letzten Widerstand gegen den Dictator organisierte.

Als die Senatslegionen auch dort 46 v.Chr. bei Thapsus geschlagen wurden, bevorzugte Cato es, sich selbst den Tod zu geben, anstatt eine Gefangennahme und möglicherweise gar die Gewährung von Caesars berüchtigter Milde zu riskieren – für Cato die schlimmste denkbare Erniedrigung.

Inspiration

Nicht nur während der römischen Kaiserzeit, sondern auch der christlich-abendländischen Geschichte, allen voran seit der Renaissance, galt Cato als Muster altrömischer Tugend und Paradebeispiel für die kompromiß-lose Verteidigung höherer Werte gegen brutale Macht; erst später, vor allem seit Mommsen, wurde er zunehmend kritisch als ein wirklichkeitsfremder „Don Quichote“ der Senatsnobilität betrachtet, der sich dem unaufhaltsamen Lauf der Dinge entgegenstellte und somit mehr Schaden anrichtete als Nutzen stiftete.

Eine solche Kritik ist zwar nicht ganz falsch, denn viele der alten Werte, die Cato verteidigte, hatten sich im Laufe der römischen Erfolgsgeschichte ad absurdum geführt und waren eher zum Teil des Problems als der Lösung geworden, sind doch die politischen und moralischen Rezepte, die einen Staat groß und mächtig machen, nicht immer dieselben wie die, welche ihn gesund und stark erhalten.

Und doch: Cato hat zwar Caesars Machtergreifung nicht verhindern können; sein zäher Durchhaltewillen inspirierte allerdings später ebenso die Caesarmörder wie den Widerstand gegen das Zweite Triumvirat – zwei historische Erfahrungen, welche dem späteren Augustus vor Augen führten, daß eine simple Überführung der römischen Republik in eine hellenistische Monarchie ein Ding der Unmöglichkeit war.

Was ist Erfolg?

Die Entscheidung, nach seinem Alleinsieg nicht etwa auf Caesars Weg fortzuschreiten, sondern vielmehr einen Kompromiß mit der Senatselite zu suchen und die Republik eher zu restituieren als abzuschaffen, ist daher auch und gerade Cato dem Jüngern zu verdanken, der durch seinen Widerstand gezeigt hat, daß an eine völlige Auslöschung der alten römischen Traditionen nicht zu denken war.

Sicherlich: Im Kern war auch der Principat des Augustus eine Absage an die kollegialen Traditionen der bisherigen republikanischen Staatsführung; trotzdem aber bewahrte er wenigstens formal Geist und Tradition der Republik über viele Jahrhunderte hinweg.

Darin mag auch für uns Heutige eine Lehre liegen: Es ist nicht die Aussicht auf Erfolg im Hier und Jetzt, die uns einzig antreiben darf; vielmehr müssen wir unseren Weg gehen, wie er uns moralisch richtig scheint, nur angetrieben von unserem inneren Kompaß. Denn manchmal mag aus tragischem Scheitern größerer Erfolg entstehen als aus glänzenden, aber kurzfristigen Siegen.

Jeanne d'Arc

Wer es wagt, gegen einen übermächtigen Feind Widerstand zu leisten, dessen Name wird oft genug lange, vielleicht sogar für immer totgeschwiegen, auch wenn er viele andere inspiriert hat, es ihm gleichzutun, und sein Opfer daher keineswegs sinnlos war. Doch muß dies nicht bedeuten, daß es dem Widerständler im Falle des Erfolgs notwendigerweise besser ergehen muß: Die Historie ist voll von Beispielen idealistischer Kämpfer, denen es zwar noch vergönnt war, ihren Sieg mit anzusehen, die aber trotzdem von den Strudeln der Geschichte mitgerissen und ins Verderben gestürzt wurden – manchmal sogar verraten von der Hand ihrer eigentlichen Mitkämpfer.

Die Befreierin

Das wohl prominenteste Beispiel hierfür ist Jeanne d'Arc; bis heute das Symbol par excellence des Freiheitsstrebens der Franzosen. Großbäuerlichen Ursprungs, hörte die junge, aus dem Dorf Domrémy stammende Jeanne mit 13 Jahren zum ersten Mal die Stimme der Heiligen Katharina, des Erzengels Michael und der Heiligen Margareta, die sie aufforderten, Frankreich von den Engländern zu befreien und den

Dauphin, also den noch ungekrönten Thronfolger, zum Thron zu führen.

Nach mehreren vergebenen Anläufen und nachdem sie vielfach ihren Glauben unter Beweis stellen mußte, glückte es ihr 1429 schließlich, beim künftigen Charles VII. in Chinon vorsprechen zu dürfen, nachdem sie 22 Tage lang mit einer kleinen Eskorte Feindesland durchqueren mußte. Der Legende nach gelang es ihr, den künftigen König an einer ihrer Visionen teilhaben zu lassen, der sie daraufhin erneut lange auf die Probe stellte, bevor er ihr schließlich eine Rüstung anfertigen ließ und sie (an der Seite erfahrener Ritter) einen Proviantzug nach Orléans leiten ließ. Das Unternehmen wurde zum vollen Erfolg und führte zur Befreiung der Stadt, die noch heute den 8. Mai als Tag der Befreiung feiert.

Bald darauf waren die Engländer aus allen Gebieten südlich der Loire vertrieben, und der König konnte zusammen mit Jeanne d'Arc die berühmte „chevauchée du sacre" wagen, um sich nach dem blitzartigen Durchqueren der englischen Linien im burgundisch besetzten Reims zum König salben zu lassen, während Jeanne am Altar die Siegesfahne halten durfte.

Gescheitert

Dieser symbolische Akt, mit dem alle Ansprüche der Engländer auf die französische Krone wieder zunichte gemacht worden waren, sollte zur Wasserscheide des Hundertjährigen Kriegs werden, an dessen Ende die völlige Befreiung Frankreichs von englischer Besatzung stehen sollte und der Beginn der Erfolgsgeschichte des französischen Nationalstaats.

Eine echte nationalstaatliche Identität sollte in Frankreich wie im Rest Europas zwar erheblich später entstehen, waren die zwischen Ärmelkanal und Mittelmeer gesprochenen Dialekte, Traditionen und Sitten doch viel zu verschieden voneinander und wurden letztlich nur durch die gewaltsame jakobinische Zentralisierung und v.a. die kulturpolitische Nutzung des Schulsystems zusammengezwängt. Trotzdem bewirkte die noch größere kulturelle Fremdheit der englischen Truppen, die Erinnerung an die große Vergangenheit des alten westfränkischen und hochmittelalterlichen Reichs wie auch das Treuegelöbnis der herrschenden Dynastie gegenüber eine zunehmende Verfestigung eines protonationalen Patriotismus und erklärt die Mischung zwischen religiöser Inbrunst und Heimatliebe, die nicht nur Jeanne d'Arc beseelte, sondern die sie auch in ihren Zeitgenossen anzufachen wußte.

Leider sollte es ihr nicht vergönnt sein, die Früchte ihres Kampfes auszukosten: Nachdem ein Vorstoß auf Paris scheiterte, wandte der König sich von ihr ab und strebte lieber nach einem pragmatischen Friedensvertrag. 1430 wurde Jeanne in Compiègne festgenommen und den Burgundern, dann den Engländern ausgeliefert.

Diese machten ihr unter dem Vorsitz des Bischofs von Beauvais den Prozeß, erreichten 1431 schließlich ihre Verurteilung als Häretikerin und vollstreckten das Urteil am 30. Mai auf dem Scheiterhaufen von Rouen.

Die Idee der Jeanne d'Arc

Doch noch über den Tode hinaus blieb Jeanne Patronin der französischen Befreiung: Ihre Exekution hatte sie in den Augen der Bevölkerung zur Märtyrerin gemacht und zwang die Burgunder 1435 zur Anerkennung des Königtums Charles VII., was die Engländer in eine unhaltbare Position brachte und 1453 zu ihrem Abzug aus Frankreich führte.

Auch heute bräuchten wir dringend eine neue Jeanne d'Arc – und nicht nur eine einzige, sondern eine ganze Schar, um der woken Zwingherrschaft über unsere abendländische Kultur ein Ende zu bereiten. Freilich, dazu bedürfte es zweierlei, das bezeichnenderweise gerade heute zu einer Seltenheit geworden ist: Zum einen eine tiefe Unschuld im Sinne absoluter moralischer Reinheit – denn viel zu oft zeichnen sich gerade sogenannte konservative Politiker durch einen Lebenswandel aus, der den von ihnen vertretenen Idealen diametral entgegengesetzt ist und somit ihre gesamte Ideenwelt diskreditiert –; zum anderen die eng damit einhergehende Bereitschaft, den Kampf auch dann zu führen, wenn er aussichtslos scheint – und wer von uns ist schon bereit, nicht nur sein tägliches Wohlbefinden, sondern auch seine Gesundheit und seinen Ruf, ja gar sein Leben aufs Spiel zu setzen, obwohl er mit ziemlicher Sicherheit zu fürchten hat, daß seine Hoffnung unerfüllt, ja sein Opfer vielleicht sogar unerkannt bleibt?

Quintus Aurelius Symmachus

Kennen Sie Quintus Aurelius Symmachus, einen der letzten heidnischen Senatoren im spätantiken Rom? Viele kennen ihn nicht. Doch ohne seinen liebevollen Einsatz für eine systematische Neuabschrift vieler, bereits fast vergessener vorchristlicher Autoren hätten zahlreiche antike Schriften nicht überlebt, bevor die Mönche in den mittelalterlichen Klöstern ihre Kopistentätigkeit aufnahmen. Und ohne die Kenntnis dieser Autoren wäre nicht nur unser Wissen um die Antike viel ärmer; auch unsere eigene Geschichte wäre weitgehend anders verlaufen. Ohne Caesar, Sallust, Titus Livius oder Valerius Maximus wäre die Neuentdeckung antiker Staatlichkeit und republikanischer Verfassungen, wie sie seit der Renaissance etwa bei Machiavelli oder später Montesquieu stattfand, in völlig anderen Bahnen vonstatten gegangen, und unsere abendländische Zivilisation hätte sich wohl kaum im selben Maße als „Erbin“ der Antike empfunden (und das Mittelalter zu einem peinlichen Intermezzo zwischen Antike und „Neuzeit“ diskreditiert – übrigens völlig zu Unrecht, aber das ist ein anderes Thema).

Die Liebe zur eigenen Kultur

Wieso bemühten sich Symmachus, seine Mitstreiter und deren Nachfolger (zu denen übrigens auch einige Christen gehörten) im späten 4. Jh. so verzweifelt um die Wahrung des heidnischen Erbes inmitten einer christlich gewordenen, „modernen" Zeit, wo alles, was einst die griechisch-römische Identität ausmachte – allen voran heidnischer Mythos und stadtstaatliche Verfassung – scheinbar überholt, vergessen, besiegt und irrelevant schien?

Weil sie auch ohne Aussicht darauf, zu den eigenen Lebzeiten oder derjenigen ihrer Nachkommen ihre eigenen Werte restituiert zu sehen, die Pflicht empfanden, all das, was ihnen von den Vorfahren überliefert worden war, weiterzugeben – und zwar gerade nicht aufgrund eines wie auch immer gearteten rationellen Glaubens an die „Überlegenheit" der eigenen Zivilisation (welcher durch die Ereignisse ja gerade ohnehin ad absurdum geführt wurde), sondern einfach aus Liebe zum Eigenen.

Die eigene Kultur zu lieben, ist ein absolutes, kein relatives Recht. Alle Gesellschaften, von der technologisch primitivsten bis zu philosophisch hochstehendsten, haben das Recht, nein, sogar die Pflicht, die eigene Identität, die eigene Lebensart, das eigene Weltbild zu pflegen, zu ehren und zu verteidigen, und zwar, ohne dies rationell durch irgendwelche Vergleiche rechtfertigen zu müssen (denn wer das Eigene nur liebt, weil er es für irgendwie überlegen hält, müßte dann ja im Falle einer Niederlage sofort zum Sieger überlaufen).

Dies bedeutet freilich nicht, daß man nicht auch stetig ein kritisches Auge für die möglichen Schattenseiten der eigenen Gesellschaft bewahren sollte, oder daß man nicht wichtige Lehren und Inspirationen aus der Entwicklung der Nachbarn ziehen kann. Es bedeutet aber letztlich, daß die großen Hochkulturen letzten Endes inkommensurabel miteinander sind, da jede einzelne ihren ganz besonderen, unverwechselbaren Zugang zur Gottheit, zum Menschen und zur Natur entwickelt.

Für gestern und übermorgen

Daher war es auch völlig Rechtens, daß die aussterbende antike Zivilisation, deren paganer Geist zunehmend vom christlichen Monotheismus verdrängt wurde, einen zähen Überlebenskampf zu fechten versucht hat, um das unaufhaltsame Ende möglichst hinauszuschieben – und tatsächlich mit dem Erfolg, daß durch diese letzte Anstrengung zahlreiche Kunstschätze und wertvolles Wissen die sogenannten dunklen Jahrhunderte überlebt haben, die ansonsten wohl unwiederbringlich verloren gewesen wären.

Und es ging den letzten Heiden nicht nur um die schönen Künste: Auch ihren eigenen Glauben, obwohl die Götter dem Christengott doch offensichtlich unterlegen waren und nicht fähig oder willens schienen, für ihre Tempel und Opfer zu kämpfen, wollten sie doch trotzdem pflegen. Man denke hier nur an Vettius Agorius Praetextatus, einen Zeitgenosse des Symmachus, der nicht nur auf eigene Kosten zahlreiche Tempel wiederherstellen ließ – zum letzten Mal –, sondern auch viele priesterliche Funktionen – Pontifex, Augur, Curialis, Tauroboliatus, Hierophant etc. –, für die sich keine Kandidaten mehr fanden, in seiner eigenen Person kumulierte, um das Überleben der entsprechenden Kulte wenigstens noch für eine Generation zu sichern.

Genau wie Symmachus mußte auch ihm nur zu gut bewußt sein, daß sein Widerstand bestenfalls hinhaltender Art war, ja daß er sich und seiner Familie sogar Schaden zufügte, indem er nicht wie viele seiner Freunde aus Opportunismus zum Christentum konvertierte und sich dadurch die Gunst des Zeitgeists sicherte, sondern Teil einer zunehmend verfolgten Minorität blieb, die auch der Kaiser trotz Wertschätzung des alten stadtrömischen Adels mit immer weniger Sympathie betrachtete.

Daß Praetextatus und Symmachus trotzdem der eigenen Tradition treu blieben, war eine bewußte Entscheidung für die Vergangenheit – und für eine ferne Zukunft, die niemand absehen konnte.

Wieder ein Ende

Die Analogien zur Gegenwart sind unverkennbar. Zwar ist der innere Abbau des Abendlandes im 21. Jh. bei weitem noch nicht so weit fortgeschritten wie derjenige der antiken Kultur im 4. und 5. Jh.; und noch – noch – ist davon auszugehen, daß jene, die unser abendländisches Erbe lieber geschützt als demontiert sehen, die (wenn auch leider stille) Mehrheit bilden und selbst der zeitgeistige, linksgrün motivierte westliche Selbsthaß bei vielen Europäern nur ein dünner Firnis ist, unter dem sich bei genauerem kritischen Nachfragen letztlich doch eine gewisse letzte kulturelle Grundsolidität verbirgt.

Auch die Masseneinwanderung hat die Europäer zwar schon zur Minderheit in vielen ihrer Städte gemacht; trotzdem sind wir noch etliche Jahre davon entfernt, daß sich aus der demographischen Überlegenheit eine geschlossene, auch politisch präsente offene Bewegung bildet.

Doch zweifellos beginnen wir, zumindest in Westeuropa, zu verstehen, wie die letzten Heiden sich im spätrömischen Reich gefühlt haben müssen, als sie durch die gewaltigen und uralten Bauten ihrer Vorfahren streiften und bei jedem Schritt realisieren mußten, daß die gegenwärtig dominierende Zivilisation nur noch wenig Gemeinsamkeit mit dem echten antiken Geist, der einst diese Momente ermöglicht hatte, aufwies, ja aufweisen wollte.

Das Erbe weiterreichen

Doch wenn es auch tatsächlich zu spät sein sollte, wie einige nicht ganz zu Unrecht befürchten, die demographischen und ideologischen Tendenzen der Gegenwart noch umzukehren, so ist es doch bei weitem noch nicht zu spät, zumindest unser Erbe zu retten und künftigen Generationen anzuvertrauen. Freilich darf man sich hier nicht die falsche Hoffnung machen, daß es dank einer solchen Anstrengung in absehbarer Zeit zu einer neuen „Renaissance“ kommen wird: Tote Zivilisationen erleben keine Wiedergeburt mehr. Und auch die Anstrengungen der letzten Heiden haben in keinem einzigen Fall zu einer dauerhaften Rückkehr des alten Götterkultes oder gar einer unmittelbaren Wiederbelebung republikanischer Staatlichkeit geführt.

Doch nicht dies darf das einzige Ziel jener letzten Abendländer sein: Vielmehr muß es uns zum einen darum gehen, allem voran die eigene Pflicht gegenüber den eigenen Nachkommen zu erfüllen, denen das in Jahrhunderten zusammengetragene Erbe der Vorväter möglichst unbeschadet zu überreichen ist, ganz egal, was die langfristigen Überlebenschancen dieses Schatzes sein mögen.

Zum anderen muß auch an fernere Zeiten gedacht werden: Ohne die Anstrengungen der letzten Heiden wären nicht nur der rasche Aufschwung des Mittelalters, sondern auch die Renaissance undenkbar gewesen, und selbst das Christentum wäre ohne die zähe Liebe der spätantiken Heiden zur eigenen kulturellen Identität erheblich weniger in den Stand gesetzt worden, das antike Erbe in sein eigenes Glaubens- und Kultursystem zu integrieren und somit viele Splitter und Spolien antiken Geistes in die abendländische Zivilisation hinüberzutragen, wo sie bis vor gar nicht allzu langer Zeit Teil unseres eigenen Alltags gewesen sind.

Gerade, weil wir uns über das langfristige Überleben unserer eigenen Zivilisation keinerlei Illusionen machen sollten, stehen wir vor einer gewaltigen historischen

Aufgabe, die vielleicht noch wichtiger und größer ist als die derjenigen, die sie einst errichtet haben.

Yukio Mishima

Widerstand kann verschiedenste Formen annehmen. Manchmal ist er ohne jede Frage berechtigt, manchmal ist er fehlgeleitet, und manchmal, ja wahrscheinlich sogar meistens, befindet sich die Wahrheit irgendwo zwischen diesen beiden Extremen. Ein typisches Beispiel hierfür ist sicher Yukio Mishima, der auch im Westen immer noch bekannte japanische Schriftsteller, der viermal für den Nobelpreis vorgeschlagen worden war und auch heute noch zu den größten Klassikern der japanischen Literatur des 20. Jahrhunderts zählt.

Mishima war nicht nur ein Glanzlicht der Stilistik, dessen Werke wie die Tetralogie „Das Meer der Fruchtbarkeit“ oder „Der goldene Pavillon“ in die Weltliteratur eingegangen sind, sondern auch eine politisch höchst umstrittene Persönlichkeit, dessen Laufbahn ein spektakuläres Ende fand, als Mishima im Jahre 1970 einen von Anfang an aussichtslosen Staatsstreich unternahm, nach dessen Scheitern er sich auf rituelle Weise den japanischen Freitod gab.

Ein anti-progressiver Geist

Kehren wir zurück zum Anfang. Nachdem der 1925 geborene Mishima schon früh seine Begabung für die

Schriftstellerei entdeckt hatte, in den letzten Monaten des Zweiten Weltkriegs aufgrund seiner gesundheitlichen Konstitution aber nicht mehr in die Japanische Armee eingezogen wurde, entwickelte er sich zunehmend zu einem konservativen Ästheten, der die Amerikanisierung Japans in den Jahren nach der Niederlage ebenso wie die zunehmende Abkehr der Japaner von der eigenen Identität zugunsten von Konsumgesellschaft oder Sozialismus zutiefst bedauerte und in seinen Schriften zunehmend anprangerte.

Schon früh galt er Kritikern daher als dezidiert antiprogressiver Geist und politisch Ewiggestriger, erlangte aber aufgrund der stilistischen Brillanz seiner Werke früh Kultstatus und wurde einer ganzen Generation zum Vorbild, die durch den Schock der Atombombe, der militärischen Niederlage und der kulturellen Unterwerfung unter die US-amerikanische Besatzungsmacht zutiefst traumatisiert und desorientiert war.

Mishima hatte sich immer schon für den Ehrenkodex der Samurai interessiert und eine Faszination für die zahlreichen Beispiele tragischen Patriotismus und feudalen Ehrgefühls entwickelt. Auch das Datum seines eigenen Todes hatte er im Voraus bestimmt, und so war es denn kein Zufall, daß er diesen mit einer letzten Geste sublimieren wollte, die gleichzeitig auch als ebenso ästhetisches wie politisches Symbol und Zeichen gedacht war, mit welcher er die Niederlage 1945 gewissermaßen aufheben wollte, indem er sich selbst als Sühneopfer für das kollektive Versagen anbot.

Die Tat

So kam es denn zur tragischen Szene des 25. November 1970, dem Jahrestag der Thronbesteigung Kaiser Hirohitos, als der 45jährige Mishima, begleitet von einigen Getreuen, im Hauptquartier der japanischen Selbstverteidigungskräfte (dem heutigen Verteidigungsministerium in Tokio) vorstellig wurde, den dortigen Oberkommandierenden, Kanetoshi Mashita, höflich, aber bestimmt festsetzte, sich in seinem Büro verbarrikadierte und vom Balkon aus eine von langer Hand vorbereitete Proklamation vorlas, in welcher er die im Hof zusammengerufenen Soldaten zur Rückbesinnung auf die alten japanischen Werte ermutigte und einen allgemeinen Umsturz zugunsten einer Restitution der kaiserlichen Machtvollkommenheit forderte.

Die Truppen allerdings zeigten kaum Interesse an der ohne jegliche politische oder konspirative Vorbereitung vorgebrachten Aufforderung, und der Lärm eines über dem Hauptquartier kreisenden Helikopters machte die Worte schließlich unverständlich. Mishima brach daher seine Ansprache mit einem Hochruf auf den Kaiser vorzeitig ab, zog sich in das besetzte Büro zurück, ließ den Oberkommandierenden, dem kein Leid geschehen war, höflich frei und beging schließlich mit der Hilfe seiner Getreuen den Freitod, indem er sich zunächst selbst die Eingeweide herausschnitt und sich dann rituell enthaupten ließ – ein Vorgang, der grausigerweise dreimal wiederholt werden mußte, bevor er gelang.

Sympathie und Hochachtung

Es ist erstaunlich und letztlich für die weitgehend symbolische und von Anfang an zum Scheitern verurteilte Natur der Tat bezeichnend, daß Mishima und seine Getreuen weder von der Öffentlichkeit noch während des anschließenden Gerichtsprozesses je als tatsächlich gefährliche Hochverräter betrachtet wurden, sondern trotz aller Verstörung vielmehr auf Mitleid, ja gar Sympathie stießen: Selbst der Oberkommandierende drückte seine Hochachtung für den tragischen Ästheten aus.

Auch heute gilt Mishima der japanischen Öffentlichkeit immer noch als herausragende, wenn auch politisch durchaus umstrittene, gleichsam tragisch-skurrile Persönlichkeit, der ein wichtiger Literaturpreis gewidmet ist – eine im Westen wohl unvorstellbare Situation, denkt man – comparaison n'est pas raison – etwa an den ganz bewußt an Mishimas Tat angelegten Freitod Dominique Venners auf den Stufen des Hauptaltars der Kathedrale Notre-Dame in Paris, die unvermeidlich als (kaum bedauerte) Tat eines rechtsradikalen Spinners beschrieben und entsprechend ignoriert wurde.

Kultureller Selbstverrat

Nun läßt sich sicher trefflich streiten über die Berechtigung Mishimas, sein Leben und seine Glaubwürdigkeit in den Dienst der Erinnerung an ein Regime zu stellen, dessen Grausamkeit und Kriegsverbrechen während des Zweiten Weltkriegs der Unterstützung des großen Schriftstellers alles andere als würdig waren, wenn man auch zu bedenken hat, daß Grausamkeit nicht nur gegen andere, sondern auch und gerade gegen sich selbst in der klassischen japanischen Kultur eine völlig andere Bedeutung besaß als diejenige, welche sie im Kontext der westlichen Weltsicht besitzt.

Doch ging es Mishima ohnehin nicht in erster Linie um eine Idealisierung jenes Intermezzos des aggressiven japanischen Militarismus der 30er Jahre, dessen kollektivistischen Tendenzen er zum Leidwesen der japanischen Konservativen offen anprangerte, sondern um viel mehr: Er beklagte, wie mit der militärischen Niederlage und der für viele Japaner schockierenden 1946er Erklärung des Kaisers, seiner eigenen Heiligkeit zu entsagen, gleichzeitig auch der Traditionsfaden zu einer mehr als 1000jährigen einzigartigen kulturellen Vergangenheit abgerissen war und Japan sich auf dem besten Weg befand, seine eigene Identität zu verlieren.

Schuld daran war Mishima zufolge keineswegs nur die „Reeducation" der Japaner durch die US-Amerikaner (die Mishima übrigens privat äußerst schätzte), sondern vielmehr die latente Bereitschaft seiner Mitbürger, den Prozeß der Verwestlichung, der ja bereits im 19. Jahrhundert eingesetzt hatte, in enthusiastischer Weise zu vollenden und die Scham der Niederlage letztlich nur als praktischen Grund vorzuschieben, um die hohen Ansprüche der eigenen Vorfahren als anachronistisch beiseiteschieben zu können.

Mishimas Tat sollte daher auch nicht unter dem Blickwinkel eines platten militärisch-politischen Revisionismus gesehen werden, sondern vielmehr als Ausdruck eines allumfassenden japanischen Patriotismus, für den der kulturelle Selbstverrat erheblich schwerer ins Gewicht fiel als die bloße militärische Niederlage.

Wer wäre heute noch fähig?

All dies wirft leider auch ein bezeichnendes Licht auf unsere eigene Gegenwart. Wer wäre heute noch fähig, die Schönheit, Gutheit und Wahrheit der eigenen abendländischen Tradition im Gegensatz zum Hedonismus und Materialismus der modernen Konsumkultur zu feiern, ohne dabei in vulgären Revisionismus oder nostalgischen Kitsch zu verfallen? Und vor allem: Wer wäre noch willens, die eigene ästhetisch-politische Überzeugung durch die symbolische Tat einem breiteren Publikum näherzubringen?

Gemeint sind dabei natürlich keineswegs moralisch hochproblematische Handlungen wie Staatsstreich und Selbstmord, von denen der erstere ohnehin im Europa des 21. Jahrhunderts jenseits der Möglichkeiten des Individuums steht, während letzterer mit den Werten des Christentums unvereinbar ist, sondern vielmehr die Fähigkeit und Bereitschaft, die eigene Lebenswelt, das eigene Renommee, ja notfalls selbst die eigene Zukunft aufs Spiel zu setzen, um einer höheren Idee symbolischen oder ästhetischen Ausdruck zu verleihen und sie somit der Aufmerksamkeit seiner Zeitgenossen einzuprägen?

Der Mut Zeichen zu setzen

Freilich, die Gegebenheiten sind mittlerweile gänzlich andere als in der Vergangenheit: Wieviele unserer Mitbürger wären überhaupt noch fähig dazu, eine solche symbolische Geste inhaltlich und kulturell zu begreifen oder gar zu würdigen, und welche Medien würden überhaupt hierüber berichten, ohne die Botschaft einer solchen hypothetischen Tat in ihr genaues Gegenteil zu verkehren?

Ein moderner Mishima und seine Helfer würden heute bestenfalls völliges Unverständnis, schlimmstenfalls allgemeine Verachtung und gravierende staats- und strafrechtliche Konsequenzen fürchten müssen – und schlimmer noch: Ihr Opfer würde faktisch wohl eher das Gegenteil von dem bewirken, was intendiert war, nämlich eine noch größere Delegitimierung und Schwächung dessen, was von Tradition und Konservatismus noch übrig geblieben ist – was denn auch der eigentliche Grund dafür sein dürfte, daß heutzutage die meisten symbolischen politischen Akte in Europa von denen begangen werden, die des Applauses der Medien sicher sein können …

Und doch: Wie in allen anderen Fallstudien dieser kleinen publizistischen Reihe wird es früher oder später auch im Abendland der Tat bedürfen, um eine kulturell völlig verirrte und desorientierte Gesellschaft wieder in gesündere Fahrwasser zu bringen, und zwar gerade dann, wenn die Lage am aussichtslosesten scheint und derjenige, der vom Waldgang zum Widerstand übergeht, seine Geste in dem vollen Bewußtsein vollbringt, selber wie Moses die Früchte seiner Handlung nie miterleben zu können.

Auch heute brauchen wir daher dringender denn je Menschen, welche nicht nur durch ihre Kunst zeigen, daß Schönheit, Wahrheit und Gutheit noch lange nicht ausgestorben sind und auch der Geist der abendländischen Kultur immerhin noch in einigen wenigen überlebt, sondern auch solche, welche bereit sind, gegen jede Unterdrückung mutige, wenn auch vorläufig hoffnungslose Zeichen für Freiheit, Heimat und den Glauben an die Transzendenz zu setzen.

François-René de Chateaubriand

Der deutsche Leser dürfte den Namen „Chateaubriand“ wohl vor allem mit dem gleichnamigen, 400-600 Gramm schweren und 4 Zentimeter dick geschnittenen Doppellendensteak verbinden, das nur leicht angebraten oder gegrillt und traditionellerweise mit Sauce béarnaise, Gemüse und gebratenen Kartoffeln serviert wird. Daß diese Spezialität tatsächlich ihren Namen erhalten haben soll vom französischen Schriftsteller und Politiker François-René de Chateaubriand, dessen Koch ihn mit diesem Rezept verwöhnte, als er Botschafter in London war, ist nur noch wenigen bekannt (und zudem umstritten, erscheint das „Steak à la Chateaubriand“ doch erst nach seinem Tod in der entsprechenden gastronomischen Literatur).

Doch nicht das Steak, sondern der Schriftsteller soll im Zentrum der folgenden Betrachtungen stehen, ist Chateaubriand (wie das gebratene Fleisch in der Tat ohne das eigentlich erforderliche Zirkumflex geschrieben) doch wie prädestiniert, in unserer Chronik zum „konstruktiven Widerstand“ gegen äußere Unterdrückung aufzutreten.

Kaum noch zu zählen sind die Episoden seines Lebens, in denen das Idol der französischen Romantik immer wieder aus Gründen der Treue und des Gewissens mit der jeweils herrschenden Elite brach und sich in die innere wie äußere Emigration zurückzog, nur um sich dann als Politiker und Literat in immer neuen Anläufen um die Rückkehr der französischen Gesellschaft zu Vernunft, Anstand, Legitimität und Glauben zu bemühen; die Vergangenheit sollte Lehrmeisterin sein, nicht Objekt billiger Verachtung – eine auch in Zeiten der „Cancel Culture“ dringend benötigte Einsicht, oder, um mit Chateaubriand zu sprechen: „Les vivants ne peuvent rien apprendre aux morts; les morts, au contraire, instruisent les vivants.“ („Die Lebenden können den Toten nichts mehr beibringen; die Toten allerdings belehren die Lebenden.“)

Demokrat von Natur, Aristokrat von Gesittung

Sproß einer altadligen, aber verarmten bretonischen Familie, war der 1768 geborene Chateaubriand gerade in den Heeresdienst eingetreten, als die Französische Revolution ausbrach. Wie so viele Franzosen seiner Generation – den König selbst nicht ausgeschlossen – war er von den jüngsten Erfahrungen des wesentlich von Frankreich unterstützten Amerikanischen Unabhängigkeitskriegs geprägt und der Überzeugung, daß auch die französische Monarchie sich eine liberale Verfassung geben mußte, um den Anforderungen der Zeit gerecht zu werden und ihre Autorität nicht auf zunehmend anachronistische Adelsprivilegien zu stützen, sondern auf eine konstruktive Mitarbeit des gebildeten Bürgertums und die Erziehung der Massen zur politischen Verantwortlichkeit.

So formulierte Chateaubriand aus dem Rückblick mit dem Wissen desjenigen, der die Terrorherrschaft erlebt hat: „Démocrate par nature, aristocrate par moeurs, je ferais très volontiers l'abandon de ma fortune et de ma vie au peuple, pourvu que j'eusse peu de rapports avec la foule." („Demokrat von Natur, Aristokrat von Gesittung, würde ich gerne mein Vermögen und mein Leben dem Volk opfern, wenn ich dabei so wenig wie möglich mit der Masse zu tun haben könnte.")

Angesichts des zunehmenden Terrors der Revolution wandte sich Chateaubriand allerdings rasch von den Ereignissen ab und emigrierte 1791 für mehrere Monate in die französischen Kolonien in Amerika, wo er sich intensiv mit den Eingeborenen wie auch der unberührten Landschaft des Mississippi auseinandersetzte, um sich nach seiner Rückkehr der Emigrantenarmee anzuschließen und, verwundet, 1793 in London mehr schlecht als recht als Französischlehrer durchs Leben zu schlagen.

Staatsdienst

Nachdem es allerdings Napoleon gelungen war, endlich die Ausschreitungen der Revolution zu brechen und Adel wie Kirche mit der Republik zu versöhnen, nahm Chateaubriand 1800 dessen Angebot einer breiten Amnestie für die Emigranten an und trat in den Staatsdienst ein. Sein 1802 veröffentlichtes Buch „Le Génie du Christianisme", in dem er nicht nur das Andenken des Christentums rehabilitierte, sondern auch wesentlich die französische Romantik mitprägte, schlug wie eine Bombe ein und machte ihn schlagartig berühmt: Bis heute gilt das Werk als einer der großen Klassiker der französischen Literatur und Verständnisschlüssel des 18. wie 19. Jhs.

Doch sollte die Ermordung des Herzogs von Enghien Chateaubriand schon 1804 zum Bruch mit dem neuen Regime veranlassen und eine längere Zeit der Reisen durch das Mittelmeer bis ins Heilige Land einleiten, deren Erfahrungen in verschiedenste Romane und Reisetagebücher einflossen.

Nach dem Sturz Bonapartes und der lange ersehnten Restauration der legitimen Monarchie der Bourbonen stellte Chateaubriand sich in den Dienst Ludwigs XVIII. und Karls X., unter denen er nicht nur als „Pair de France“ Mitglied des Oberhauses wurde, sondern auch als Botschafter in Stockholm, Berlin, London und Rom diente, 1822 Chef-Delegierter auf dem Kongreß von Verona war und sogar kurzzeitig als Außenminister fungierte.

Jenseits des Grabes

Trotzdem blieb er auch in diesen Jahren nicht kurzsichtig, sondern war sich der Fragilität der Restauration ebenso bewußt wie der Tatsache, daß mit der Revolution letztlich ein unumkehrbares Paradigma geschaffen worden war. Die Juli-Revolution 1830 zwang Chateaubriand, der trotz aller Krisen der älteren Linie der Bourbonen treu bleiben wollte, erneut in die innere Emigration, während welcher er vor allem seine umfangreichen, gewissermaßen schon „von jenseits des Grabes“ redigierten, zwölfbändigen „Mémoires d'outre-tombe“ zusammenstellte; er starb 1848 kurz nach der Februarrevolution in den Armen von Juliette Recamier; eine seiner zahlreichen Freundinnen und Bewunderinnen …

Das „Ancien Régime“, die erste Republik, das bonapartistische „Empire“, die Restauration, die Juli-Monarchie, ja sogar die Februarrevolution: Chateaubriand hat sie alle gesehen, einigen gedient, sich mit keiner von ihnen vollauf identifiziert und letzten Endes immer wieder zurückgezogen – eine Art Anti-Talleyrand, der trotz seines politischen Geschicks letztlich immer träumerisch dem Verlorenen nachhing, ohne sich Illusionen zu machen, daß das Vergangene nie mehr wiederkehren würde: „La vieille Europe ; elle ne revivra jamais : La jeune Europe offre-t-elle plus de chances ?“ („Das alte Europa wird nie wieder auferstehen: Aber bietet das neue Europa bessere Chancen?“).

Doch auch die Vergangenheit sah der geniale Aphoristiker kritisch, der die Privilegien und Selbstbespiegelung des Adels zwar mit der Sympathie des Historikers, aber der gerechten Kritik des Humanisten betrachtete, als er schrieb: “On compte ses aïeux quand on ne compte plus.” (Man zählt seine Vorfahren, wenn man selbst nicht mehr zählt“).

Entwurzelt, aber furchtlos

Trotz seiner Kritik am überlebten Adelsregime wie an der neuen Massenkultur und trotz der generell nostalgisch-retrospektiven Natur seiner Aufzeichnungen verfiel Chateaubriand allerdings nie ganz der Versuchung des Ekels und der Menschenfeindlichkeit, die gerade heute wieder eine der großen Verführungen der letzten abendländischen Patrioten ist, wußte er doch: „Il y a des temps où l’on ne doit dépenser le mépris qu’avec économie, à cause du grand nombre de nécessiteux.“ („Es gibt Zeiten, in denen man seine Verachtung nur sehr sparsam schenken darf, da so viele ihrer bedürfen“).

Mut gab ihm hierbei vor allem seine stetige Rückbesinnung auf die Transzendenz und den schönsten Ausdruck, den der Glauben an ein jenseitiges Prinzip nicht nur der Welt, sondern auch unserer Seelen im Abendland gefunden hat: das Christentum. Denn zunehmend wurde Chateaubriand bewußt, daß inmitten der Umbrüche der Moderne und der gewaltsamen inneren Neuordnung Frankreichs und Europas nur noch der Glauben fähig war, all das, was aus der Zeit des „Ancien Régime“ wert war, geschützt und verteidigt zu werden, in die Gegenwart und die Zukunft hinüberzuretten.

Hierbei ging es Chateaubriand weniger um Theologie und Dogma als vielmehr um die einfache Erkenntnis, daß das wahre Distinktionskriterium zwischen Aufbau und Zerstörung, Idealismus und Opportunismus, Verantwortung und Kurzsichtigkeit, Treue und Verrat, Freiheit und Knechtschaft letzten Endes die Haltung des Einzelnen zum Tod war: „L'homme n'a qu'un mal réel: la crainte de la mort. Délivrez-le de cette crainte et vous le rendrez libre." („Der Mensch hat nur eine wirkliche Krankheit: Die Furcht vor dem Tod. Nehmt ihm diese Furcht, und Ihr macht ihn frei.")

Gerade heute, wo wir inmitten eines kulturellen und sozialen Umbruchs leben, der wohl demjenigen von 1789 nur wenig nachstehen wird, sollten wir uns an diese Lehre erinnern – und auch an das historische Beispiel jener entwurzelten Generation des späten 18. Jahrhunderts, die in Chateaubriand ihren vollendetsten Ausdruck gefunden hat: Auch sie hat damals Besitz, Beruf, Ansehen und oft genug sogar das Leben verloren, und doch unzählige Menschen hervorgebracht, die sich weder ihre Ehre noch ihren Glauben haben nehmen lassen.

Sokrates

Wie so viele geistige Widerständler ist auch Sokrates eine zweischneidige Gestalt. Denn sich der äußeren Ordnung im Namen der inneren widersetzen, das hat immer ein wenig den Geschmack der Selbstermächtigung, des Zersetzens an sich. Freilich: Auf dem Papier nimmt sich das heldenhafte Eintreten gegen ein Unrechtsregime im Namen von Menschenrecht oder innerem Gottesgesetz als eine binäre Entscheidung aus, bei der eigentlich nur erstaunt, wie viele letztlich die „falsche“ Wahl treffen. In der Wirklichkeit aber liegen die Dinge selten so einfach.

Denn selbst der schlimmste Unrechtsstaat hat meistens nicht nur den Buchstaben des Gesetzes und die Legitimität der Bürokratie auf seiner Seite, sondern kann auch im Rückblick auf jene historischen Traditionen verweisen, die sein Entstehen jeweils ermöglicht haben, um sich selbst teleologisch zu rechtfertigen, und vermag zudem, das Fehlen einer offenen Revolution als Zeichen der impliziten Zustimmung der Bevölkerung zu interpretieren.

Auch gilt, daß die meisten Bürger selbst beim (leider nur selten vorauszusetzenden) besten Willen immer nur über eine begrenzte Einsicht in das ganze Ausmaß des jeweiligen Unrechts verfügen und sich selbst zudem allzu gerne der Illusion hingeben, die entsprechenden Verbrechen seien entweder bedauernswerte Einzelfälle oder vorübergehende Ausschreitungen, die man am besten ignoriert, um die fest erwartete baldige „Normalisierung" der Situation nicht zu behindern.

Schließlich und endlich dürfen wir uns nicht der leicht misanthropischen Einsicht verschließen, daß nur die wenigsten Bürger zum Märtyrer geschaffen sind, die meisten aber aus Instinkt den „Quertreiber" als fragwürdigen, ja bedrohlichen Charakter empfinden, der höchstens in größter Not oder im Nachhinein Wertschätzung erfährt, ansonsten aber als jemand, der „aus der Reihe tanzt", eher verachtet oder gefürchtet wird.

All dies erklärt zur Genüge, wieso Sokrates bis heute eine keineswegs uneingeschränkte Wertschätzung erfährt, sondern vielen immer noch als problematische Gestalt erscheint. Der mit dem „Fall Sokrates" unvertraute Leser mag hier stutzen: Wie, ist Sokrates nicht gerade das Urbild des geradlinigen, jedes Vorurteil vehement infrage stellenden rationalen Denkers, der für seine Ideale bereit war, in den Tod zu gehen, und selbst noch im Gefängnis lieber den Schierlingsbecher trank, um das von seiner Polis gefällte Urteil selbst zu vollziehen, anstatt die Möglichkeit zur Flucht in Anspruch zu nehmen? Die Antwort darauf fällt nicht so leicht, wie es auf den ersten Blick scheinen mag.

Schuld ist dabei nicht nur, daß Sokrates selbst nichts Schriftliches hinterlassen hat und unsere Quellen, allen voran Platon, stark von ihren eigenen philosophischen Schwerpunkten geprägt sind, also eine ganze Reihe von Positionen in Sokrates' Denken hineinlesen, die dort nur sehr rudimentär vorhanden gewesen sein mögen, wenn überhaupt. Schuld ist auch, daß Sokrates schon die Zeitgenossen polarisierte und verwirrte.

Den einen, wie Platon, erschien er als unbestechlicher und vorurteilsfreier Denker, der jede große Frage gewissermaßen von Anfang an untersuchte, einzig dem logischen Denken verpflichtet war und dabei viele liebgewonnene Traditionen und Selbsttäuschungen als hohle Fassaden enttarnte, dabei aber oft genug in der Aporie landete, also einer ausweglosen dialogischen Situation, wo die verschiedenen Antwortelemente einander logisch zu widersprechen scheinen, obwohl sie jeweils scheinbar sauber hergeleitet sind – eine Aporie, die Platon selbst dann durch den Sprung in den Mythos und die Transzendenz der esoterischen Lehre vom Einen zu lösen suchte: Kurzum, Sokrates als Katalysator der griechischen Philosophie, ohne den sie sich niemals von der naiven Kosmogonie der Poeten, dem Materialismus der

Vorsokratiker und dem Relativismus der Sophisten hätte lösen können.

Den anderen allerdings, wie Aristophanes, erschien er als ebenso überheblicher wie opportunistischer Zeitgenosse, der durch seinen scheinbaren Nihilismus das jahrhundertealte gesellschaftliche wie religiöse Wertegerüst Athens demolierte, die Jugend nicht zur konstruktiven Wertschätzung der Vergangenheit, sondern vielmehr zu Skeptizismus und Arroganz erzog, und dessen philosophische Folgerungen und gesellschaftliche Forderungen allesamt ebenso weltfremd wie praktisch unsinnig schienen – wenn nicht geradezu als gefährlich: Sokrates als Totengräber des „alten" Athens und Repräsentant eben jener Hybris, die in die Katastrophe eines nahezu 30jährigen mittelmeerweiten Krieges führte.

Auch die Persönlichkeit seiner Schüler spiegelt diesen Zwiespalt: Auf der einen Seite Platon mit seinem Streben nach einer absoluten Letztbegründung idealistischer Positionen; auf der anderen Seite der schillernde Populist und Demagoge Alkibiades, der das sokratische Räsonieren nach Art der Sophisten ausschließlich zur Erfüllung des eigenen Ehrgeizes einsetzte – und irgendwo dazwischen Kritias, der nach dem Ende des Peloponnesischen Krieges mit spartanischer Hilfe eine ultrakonservative Oligarchie zu errichten trachtete …

Wo ist da der echte Sokrates? Gegen und vor allem für was zog er den Tod dem Leben vor? Genau werden wir es nie wissen, auch die Parallele zur „tragischen“ Situation, also jener den Griechen so teuren Aporie zwischen zwei widerstreitenden, genauso wichtigen Prinzipien, wie wir sie etwa in Sophokles „Antigone“ mit dem Gegensatz zwischen dem (wandelbaren) Menschen- und dem (ewigen) Gottesgesetz finden, trifft auf Sokrates und seine Wahl zwischen den Gesetzen der Demokratie und den Vorgaben seines Gewissens, des „Daimonions“, nur teilweise zu.

Wenn Sokrates sagt: „Ich schätze Euch, Männer Athens, und liebe Euch, gehorchen aber werde ich mehr dem Gotte als Euch“, so stecken dahinter Abgründe vielfältiger Bedeutung, die wir auszuloten haben, bevor wir über unsere Zustimmung oder Ablehnung des Satzes reflektieren.

Denn hinter den „Männern Athens“ steht nicht nur der Aspekt chronisch wankelmütiger demokratischer Mehrheitsentscheidungen, sondern gerade im Fall des Sokratesprozesses auch ein über Jahrhunderte gewachsenes Gespür für die Grenzen gesellschaftlichen und religiösen Anstandes, welches hinter Sokrates’ Denken nicht zu Unrecht ein gefährlich zersetzendes Streben wahrnahm: Das Athen der Zeit des Sokratesprozesses war kein Unrechtsstaat, sondern befand sich nach den beiden Extremen der Radikaldemokratie sowie der oligarchischen Tyrannis der Dreißig in einer schweren Identitätskrise, wo gerade die vermeintliche „Rationalität“ der verschiedenen utopistischen Verfassungsentwürfe der letzten Jahrzehnte als das eigentliche Grundübel verstanden wurde, mit dem das bisherige gesellschaftliche und kulturelle Gleichgewicht empfindlich gestört worden war und letztlich in die Katastrophe des Peloponnesischen Kriegs geführt hatte: Sokrates und sein großer Einfluß auf die desorientierte „jeunesse dorée“ Athens schienen trotz des verbal immer wieder beteuerten Patriotismus als destruktive Bedrohung einer im Mark erschütterten Tradition.

Und auch hinter dem sokratischen „Gott“ oder „Daimonion“ steckt alles andere als ein festes, unwandelbares und allen zugängliches Prinzip, sondern vielmehr die Überzeugung, daß der nagende Zweifel an allem Bestehenden mitsamt dem Drang, alles Gewachsene unter der Lupe logischer Beweisführung zu dekonstruieren, der höchste Wertemaßstab des Einzelnen sein sollte – eine Überzeugung, die in den Jugendtagen frühen philosophischen Denkens wie im Griechenland des 5. Jh. v. Chr. oder im Abendland des 16. Jh.s frisch und idealistisch erscheinen mochte, im Rückblick aber als ebenso naiv wie hochproblematisch gelten muß.

Denn eines versteht jede alternde Zivilisation: Daß es vorurteilsfreies Denken ebenso wenig gibt, wie sich Baron Münchhausen am eigenen Schopf aus dem Sumpf zu ziehen vermag. Jedes konstruktive Denken muß, bewußt oder unbewußt, auf apriorischen Grundlagen beruhen, wenn es nicht in der Sterilität bloßer Dekonstruktion versinken und letztlich, wenn auch aus ehrlicher Bemühung, Relativismus und Nihilismus das Tor öffnen will.

Keine Zeit versteht dies wohl so gut wie die unsere, in der so viele einst bewundernswürdige und scheinbar in Opposition zur früheren, traditionalistischen Phasen der abendländischen Geschichte geschaffene Begriffe wie Demokratie, Gleichheit, Toleranz, Diversität, Individualismus, Emanzipation, Freiheit oder Laizismus sich auf fast schon unheimlich organische Weise allmählich in ihrer völliges Gegenteil verkehrt haben, ohne daß wir doch genau den Punkt bestimmen könnten, wo dieser Prozeß einsetzte.

Selbst noch die absurdesten Entscheidungen werden auf scheinbar überaus rationeller Grundlage getroffen, doch so richtig und nachvollziehbar ein jeder Schritt sein mag, so absurd, ja selbstzerstörerisch ist doch meistens das Endergebnis, wie es uns jeden Tag aus den Nachrichten entgegentritt: „Though this be madness, yet there is method in't.“

Wenn Sokrates also „für“ die Wahrheit und „gegen“ die Tradition in den Tod zu gehen glaubte, so ist hiermit letztlich nur jener Moment in der Geschichte der antiken Zivilisation umrissen, wo wie im alten China des 7. Jh.s v.Chr. oder im Europa des frühen 16. Jh.s der geistige Absolutheitsanspruch des Individuums Oberhand über die kollektive Praxis der Vorväter gewinnt.

Die dahinter stehende humanistische Würde und philosophische Überzeugung sind fraglos an sich bewundernswert und läuten in jeder Zivilisation das großartige Zeitalter der Klassik ein, die überall darauf beruht, daß nunmehr nur noch „der Mensch Maß aller Dinge ist“. Doch die Wurzeln dieser Größe sind gleichzeitig auch die Wurzeln ihres letztendlichen Zerfalls in jenen Relativismus und Nihilismus, in denen sich der Verstandesglaube der Philosophie selbst ad absurdum führt – bis es schließlich zur Erkenntnis kommt, daß nur die Anerkennung der Transzendenz und eine konstruktive anstatt destruktive philosophische Durchdringung der Tradition noch eine gewisse, wenn auch kurze Synthese herbeiführen kann …

Qu Yuan

Während der „Zeit der Kämpfenden Staaten“ (475-221 v.Chr.) war der riesige chinesische Kulturbereich wie so oft in seiner Geschichte in ein Dutzend rivalisierender Reiche aufgespalten, die in einen erbitterten Kampf um ihr eigenes politisches Leben und um eine künftige Reichseinigung verstrickt waren.

Wie die Ära des Hellenismus im griechisch-römischen Mittelmeer waren auch diese Jahrhunderte eine Zeit politischer Unsicherheit und mörderischer Kriege, aber auch gewaltiger wissenschaftlicher und künstlerischer Kreativität und erstaunlicher sozialer Mobilität, wo die Grenzen zwischen Politik, Dichtkunst, Militärführung und gewagten wirtschaftlichen Spekulationen überaus fließend waren.

Qu Yuan, ein entferntes Mitglied des königlichen Hauses des Staates Chu, ist ein ideales Beispiel für die Höhen und Tiefen jener Zeit und bis heute ein Vorbild für viele Chinesen.

Widerständig

QuYuan wirkte mehrfach als Minister und Gesandter für seine Monarchen und trug sich mit hochfliegenden Plänen zur Gesundung und Vergrößerung seines Staates, fand sich aber regelmäßig als Opfer verschiedenster Intrigen hochrangiger Konkurrenten wieder, bis er schließlich in Ungnade fiel und als politisch Gescheiterter dauerhaft den Hof verlassen mußte – ein Spiel, das so alt ist wie die Welt.

Der Versuchung, seine Ehre und seine Werte zu verraten, um erneut zu Macht und Einfluß zu gelangen, widerstand er: „Jeder Mensch in diesem Leben strebt nach dem, was er liebt: / Was ich liebe, ist es, mir selbst gleich zu bleiben. / Schneide mich in Stücke, ich bleibe doch der selbe."

Während seines Exils in den Gebieten südlich des Yangtse, seiner Heimatregion, verbrachte er seine Zeit mit dem Sammeln lokaler Volkslegenden und dem Verfassen von Gedichten, die zu dem Besten gehören, was aus der Zeit des vorimperialen China auf uns gekommen ist.

Als Qu Yuan 278 v.Chr. die Nachricht vom Fall Yings erhielt, der Hauptstadt Chus, deren Verteidigung unter den Schlägen der Heere von Qin zerbrach, jenem Staat, dem einige Jahrzehnte später die chinesische Reichseinigung gelingen sollte, berührte ihn diese Neuigkeit trotz seiner politischen Verbitterung tief.

Qu Yuan spürte hier völlig zu Recht eine unwiderrufliche Zeitenwende, und nachdem er eine bis heute überlieferte lange Trauerklage verfaßt hatte, entschied er sich für den Freitod, indem er, einen großen Felsbrocken in den Händen tragend, in den Fluß Miluo im heutigen Hunan watete und sich dort ertränkte: „Sende die Nachricht: Es ist vollendet. / Wenn niemand im Reiche Dich mehr verstehen kann, / wozu sollte man sich da noch seinem Land zugehörig fühlen?“

Die Legende berichtet, die Bewohner des nahbeiliegenden Dorfes hätten noch lange verzweifelt versucht, den melancholischen Poeten, dessen Dichtungen sie liebgewonnen hatten, mit ihren Booten zu retten oder doch wenigstens seinen Leichnam zu bergen, und hätten zu diesem Zweck Reis in das Wasser geworfen, um die Fische vom Verzehr des Körpers abzuhalten, bis sein Geist ihnen schließlich erschienen sei, um sie von der Fortsetzung ihrer Versuche abzuhalten – Anlaß der Aufnahme Qu Yuans in das Pantheon der chinesischen Wassergötter und Ursache der bis heute überall in der chinesischen Welt gepflegten Drachenbootrennen am 5. Tag eines jeden 5. Monats im Jahr.

Sieger im Nachhinein

Qu Yuan spürte, wie seine gesamte Dichtkunst eindringlich zeigt, daß das alte China der zahllosen unabhängigen Kleinstaaten mit ihren reichen kulturellen Traditionen und ihren liebenswerten Besonderheiten seinem Ende entgegenging und früher oder später unter den Schlägen von Krieg, Technologie und Kollektivismus vernichtet werden mußte.

Schon im 3. Jahrhundert standen sich Heere mit hunderttausenden Kämpfern entgegen, hatte die Massenfertigung weittragender Armbrüste den Krieg in ein seelenloses Massaker verwandelt, wurden die herkömmlichen Standesgrenzen zugunsten des strikt hierarchisch-meritokratisch gegliederten sozialistischen Systems des Legismus aufgelöst, und nur wenige Jahrzehnte später sollten nach der gesamtchinesischen Machtergreifung Qins auch Maße, Schriftzeichen und Gesetze rücksichtslos vereinheitlicht sowie alle mißliebigen literarischen, philosophischen und historischen Traditionen zensiert oder gar vernichtet werden.

So bemühte sich Qu Yuan denn, solange es noch möglich war, jenes alte China zu retten und zu konservieren; und wenn er selbst auch mit dem Eindruck aus dem Leben schied, ein Gescheiterter gewesen zu sein, so konnte ihn die Nachwelt doch nur als Sieger betrachten. Denn viele seiner Gedichte überlebten die kurze Tyrannis des Qin Shi Huangdi, und während die ephemere Hauptstadt der Qin in den Flammen der Bürgerkriege aufging und die Bauarbeiter die Arbeit am Grab des Reichsgründers einstellten, konnten die Werke des tragischen Dichters, kompiliert als „Chuci“ (Gedichte aus Chu) später, zusammen mit vielen anderen älteren Schriftwerken, die zeitig verborgen oder aus alten Gräbern zutage gefördert worden waren, erneut auswendig gelernt, abgeschrieben, kommentiert und gelehrt werden und somit als Sockel für die kulturelle Restaurationspolitik der Han-Dynastie dienen, von denen China bis heute zehrt.

Bewahren für bessere Zeiten

Auch für unsere Zeit ist Qu Yuan ein Vorbild, denn erneut spüren wir, daß vieles Schöne, Wahre und Gute dabei ist, endgültig im allgemeinen Desinteresse verloren zu gehen, wenn es nicht sogar aktiv durch jene, welche die Macht ausüben, diskreditiert, verzerrt oder vernichtet wird.

Doch wenn die Geschichte eines lehrt, so ist es, daß jene Zeiten der Zerstörung nie von Dauer sein können, da das Dunkle und Leere, das sie antreibt, sich früher oder später selber vernichtet.

Für uns Heutige mag dies nur ein schwacher Trost sein, da wir vor allem mit dem Verlust von vielem konfrontiert sind, das uns zu Recht ans Herz gewachsen ist. Umso wichtiger aber ist es, gerade in jenen schweren

Zeiten so viel wie möglich von all dem, was von Wert ist, zu sammeln, zu schützen und weiterzugeben, damit es später wieder Früchte tragen kann, wenn sich das Unwetter verzogen hat.

Václav Havel

Als Rod Dreher vor einigen Jahren sein Buch „Live not by lies" publizierte, machte er die breitere Öffentlichkeit auf ein Werk aufmerksam, das eigentlich schon weitgehend vergessen, ja schlimmer noch, „überholt" schien: Václav Havels „Versuch, in der Wahrheit zu leben" (dt. 1978). Die Ereignisse der letzten Jahre und der politische Sieg des Wokeismus auf allen wichtigen Fronten strafte diesen Eindruck leider auf bittere Weise Lügen.

Havel ist das Paradebeispiel für all das, was einem Dissidenten – ein bezeichnenderweise erneut überaus populärer Begriff – von Seiten eines autoritären Staates mit totalitärer Ideologie im Alltag angetan werden kann: Ein Studienabschluß wurde ihm unmöglich gemacht, die Berufswahl eingeengt, seine Werke zensiert und verboten, sein Alltagsleben bespitzelt, sein guter Ruf untergraben – selbst seine Freiheit wurde ihm unter den verschiedensten Vorwänden wieder und wieder entzogen.

Und doch ist Havel jedesmal neu aufgestanden, hat seine Werke weiter im Ausland publiziert, hat Dissidenten verschiedenster Couleur zusammengebracht und schließlich eine wesentliche Rolle in der „Samtenen Revolution“ gespielt, die den Kommunismus in der Tschechoslowakei gestürzt hat.

Wo aber findet ein Mensch den Mut, wieder und wieder gegen ein gesamtes System aufzustehen, anstatt sich anzupassen oder in die innere Emigration zurückzuziehen?

Die Erniedrigung

Für Havel war es neben seiner literarischen Tätigkeit als Dramaturg und Poet vor allem seine philosophische Bemühung um ein tieferes Verständnis all dessen, was nicht nur der Kommunismus, sondern auch alle anderen Arten enthumanisierender rationalistischer Ideologie mit dem Menschen „machen“, wie sie ihn entwürdigen, von seinen Empfindungen abtrennen und schrittweise ein Lügengebilde aufrichten, das schließlich jeden Bereich des Lebens verzerrt, pervertiert und von der Wahrheit entfremdet.

Im Zentrum steht daher für Havel die Einsicht in die Erniedrigung des Menschen, der durch ein totalitäres bzw. post-totalitäres System gezwungen wird, nahezu jede alltägliche Handlung auf Konvergenz mit einer übergeordneten Ideologie zu überprüfen und somit jede Eigentlichkeit und Echtheit zu opfern. Schlimm ist hierbei die Tatsache, daß es dem totalitären System der

Moderne gar nicht so sehr darum geht, den Menschen von der „Wahrheit“ der jeweils propagierten Doktrin zu überzeugen, wie dies in der Anfangsphase des Totalitarismus des 20. Jhs. noch der Fall war, sondern ihn lediglich zur formalen Unterwerfung zu zwingen.

Die Erniedrigung der zwar widerwilligen, aber ohne unmittelbaren persönlichen Zwang vollzogenen Selbstgleichschaltung wirkt langfristig ebenso gut, vielleicht noch besser, als die echte innere Überzeugung, denn sie raubt dem Menschen seine Würde und Selbstachtung und macht jede Umkehr unmöglich: Der Zwang zur Kollaboration, die Pflicht, sich immer wieder, und sei es durch kleine alltägliche Details, „die Hände schmutzig zu machen“, erzeugt langfristig eine Scham, ja einen Ekel mit sich selbst, der jegliche direkte Revolte unmöglich macht. Wer tagtäglich mit der Erkenntnis leben muß, daß er, wenn auch unfreiwillig, vor aller Augen „mitgemacht“ hat, verliert jegliche Glaubwürdigkeit vor sich und anderen und fällt als selbstbestimmter und mutiger politischer Akteur langfristig aus.

Die „Lüge“ füllt somit irgendwann einmal die gesamte Persönlichkeit des totalitären Untertanen aus, oder, in den Worten Havels: „Sie müssen sich benehmen, als wenn sie es glaubten, oder sie müssen es zumindest schweigend tolerieren oder gut auskommen mit denjenigen, die damit umgehen. Aus diesem Grund müssen sie innerhalb einer Lüge leben. Sie müssen nicht die Lüge akzeptieren. Es ist ausreichend, daß sie akzeptiert haben, mit der Lüge und in ihr zu leben. Denn allein durch diese Tatsache bestätigen die Individuen das System, erfüllen das System, machen das System, sind das System."

Die Rückkehr zur Eigentlichkeit

Freilich machte gerade Havel sich keine falschen Illusionen: Selbst, wer nur eine lediglich indirekt eingeforderte Handlung unterläßt – etwa, ein Schild mit der Aufschrift „Arbeiter aller Länder vereinigt Euch" in die Ladenvitrine zu stellen (oder in einem modernen Forschungsantrag das Gendern zu unterlassen, ist man versucht, bissigerweise zu ergänzen) –, wird in einem totalitären Staat die Konsequenzen dafür zu tragen haben, und bis sein Mut auch bei anderen Schule macht, kann eine lange Zeit vergehen und das eigene Leben bereits durch die jeweiligen Machthaber völlig zerstört worden sein.

Doch gerade hierin liegt eine der Besonderheiten Havels, dem es nicht so sehr um eine Anleitung geht, wie politische Macht mit einem Minimum an Risiko zurückgewonnen werden kann, sondern eher um eine ontologische Kehre, die ein jeder für sich selbst vollziehen muß: Wer vollständig erkennt, daß ein „Leben in der Lüge“ trotz materieller Vorteile den eigentlichen Sinn des Lebens an sich negiert und nur einen Schatten, ja eine schreckliche Parodie ermöglicht, kann gar nicht anders, als zur selbstbestimmten Eigentlichkeit zurückzukehren, koste es was es wolle, denn er weiß, daß kein Preis zu hoch sein darf für das Erlebnis der eigenen, inneren Würde: „Wir müssen manchmal bis auf den Abgrund des Elends fallen, um die Wahrheit zu begreifen – so wie wir erst auf dem Grund des Brunnens die Sterne sehen.“

„Leichter gesagt als getan”, mag der Leser hier wohl einwenden; und in der Tat ist nicht jeder Mensch zum Märtyrer geschaffen, ist nicht jeder bereit und fähig, gerade, wenn er mit einer Familie gesegnet ist, bereitwillig auf Frontalkurs gegen einen oppressiven Staat zu gehen: Auch der Dissident muß seine Kräfte so einsetzen, daß nicht nur seine Würde gewahrt bleibt, sondern seinem Versuch der Re-Humanisierung der Gesellschaft der größtmögliche Erfolg beschieden ist.

Und doch: Auch rationalistische Ausflüchte sind verführerisch schnell zur Hand, und die Kunst des selektiven „Wegschauens“ macht es erschreckend einfach, sich auch der Konfiskation unserer eigentlichen Würde nicht in dem Grade bewußt zu werden, wie wir sollten, und auch die entsprechenden Konsequenzen aufzuschieben – bis eben jener Moment des Selbstekels erreicht ist, wo es schon „zu spät“ sein mag – ein schwieriger Drahtseilakt also.

Es ist nicht vorbei

Auch wir sollten uns daher wieder rasch an jene Lehren erinnern und an die gar nicht so weit zurückliegende, allzu oft kollektiv verdrängte Zeit denken, als eine ganze Hälfte unseres Kontinents im bleiernen Griff eines Lügengebildes gefangen war, dessen ideologische Parameter und Grundvoraussetzungen sich 1989 keineswegs, wie erwartet, in Rauch aufgelöst haben, sondern ganz im Gegenteil Schritt für Schritt die triumphalistische Selbstherrlichkeit des westlichen Linksliberalismus untergraben haben und diesen schließlich auf dieselbe gefährliche Spur wie einst den eben erst überwundenen Gegner setzten ...

Zensur, Gewalt, Denunziation, versperrte Universitätsabschlüsse, staatlich geförderte Diskreditierung, Spitzelei, indirekte Geiselnahme der Familien, gesperrte Bankkonten, öffentlich eingeforderte Zeichen der ideologischen Unterwerfung – all das ist schleichend zurückgekehrt und umso perfider, als es sich immer noch bruchlos unter derselben Fassade von Freiheit, Demokratie und Rechtstaatlichkeit präsentiert, die einst den Kommunismus überwand.

Umso wichtiger ist, sich die Lehren der Vergangenheit erneut zu Gemüte zu führen und die uns noch verbleibende Zeit zu nutzen, auch andere von der Versuchung der Lüge abzubringen, solange der äußere Druck es noch erlaubt.

Johann F. A. von der Marwitz

„Wählte Ungnade, wo Gehorsam nicht Ehre brachte" – vielen gilt diese Inschrift nicht nur als Inbegriff des „alten" Preußens, sondern ganz allgemein des unantastbaren Grundrechts jedes Menschen auf Gewissensfreiheit. Und in der Tat steht hinter diesem Spruch eine in vielerlei Hinsicht hochinteressante Geschichte, die uns auch heute zu denken geben sollte.

Pour le mérite

Johann Friedrich Adolf von der Marwitz entstammte einem alten märkischen Adelsgeschlecht und trat wie die meisten seiner Standesgenossen der preußischen Armee bei. Mit nur 17 Jahren brachte er es zum Kommandeur des Regiments „Gens d'armes" und führte dieses in der Schlacht bei Zorndorf mit Auszeichnung. Auch in der Schlacht bei Hochkirch tat von der Marwitz sich hervor. Als aber 1761, gegen Ende des Siebenjährigen Krieges, die preußischen Truppen das kurfürstlich-sächsische Jagdschloss Hubertusburg mitsamt seiner prächtigen Innenausstattung eroberten, beauftragte Friedrich der Große von der Marwitz mit der Ausräumung des Anwesens, denn er hatte die Plünderung von

Charlottenburg 1760 durch die Russen, Österreicher und Sachsen und somit den Verlust seiner Antikensammlung nie verwunden.

Von der Marwitz, Träger des „Pour le mérite“, weigerte sich, wie es heißt, denn ein solcher Auftrag „würde sich allenfalls für den Offizier eines Freibataillons schicken, nicht aber für einen Kommandeur Seiner Majestät Gens d'armes“, und bat um Abschied aus dem Heer, der ihm sofort gewährt wurde.

Folgerichtig fiel er beim preußischen König in Ungnade und zog sich in die innere Emigration zurück. Erst viele Jahre später, im Bayerischen Erbfolgekrieg, sollte er erneut als Generalkriegskommissar für Prinz Heinrich von Preußen ins Heer eintreten und wurde schließlich, gegen Ende seines Lebens, zum Generalmajor befördert, bevor er 1781 starb.

Sein Neffe, Friedrich August Ludwig von der Marwitz, ließ dann auf den Grabstein folgende, bis heute vielfach zitierten Worte setzen: „Sah Friedrichs Heldenzeit und kämpfte mit ihm in all seinen Kriegen. Wählte Ungnade, wo Gehorsam nicht Ehre brachte.“

Konstruktiver Widerstand

Nun ist der genaue Hintergrund jener Ereignisse wie so viele Preußenlegenden in der Forschung nicht ganz unumstritten; aber nicht darum soll es hier gehen, denn „se non è vero, è ben trovato“: Vielmehr wollen wir diese kleine Geschichte zum Anlaß nehmen, uns einmal genauer mit der Frage nach den moralischen Werten zu beschäftigen, die unser Leben in letzter Instanz zu leiten haben, auch wenn uns dies zur Frontstellung gegen Staat, Gesellschaft und selbst Familie zwingt – und natürlich mit der Überlegung, was dies alles mit dem „alten Preußen“ zu tun hat.

Die Lehre jener Geschichte ist denkbar simpel: Auch (oder gerade?) im Preußen zur Zeit des „Alten Fritz“ war konstruktiver Widerstand gegen die Staatsgewalt möglich, wenn deren Order mit dem eigenen Wertekorsett kollidierte; und wenn der Preis dafür auch vorübergehende Ungnade war, schloß dies, nachdem die Wogen sich geglättet hatten, eine spätere Rehabilitierung keineswegs aus. Und in der Tat sind die Preußenbücher voll von kauzigen Anekdoten, welche allesamt demonstrieren sollen, daß Friedrich II., wiewohl ein Mensch wie alle anderen und durchaus rasch zu erzürnen, als „philosophe“ über die Fähigkeit verfügte, seine Eigeninteressen doch einem allgemeinen Rechtsverständnis unterzuordnen – man denke nur an die berühmte Mühle von Sanssouci.

Kein Wunder, daß das „alte Preußen" (nicht nur in Deutschland) auch heute noch, wo Zeiten und Moralverständnis paradoxerweise gleichzeitig sowohl relativistischer als auch untoleranter geworden sind, als das Vorbild einer idealen Rechts- und Gesellschaftsordnung beschworen wird. Und tatsächlich mag es gute Gründe dafür geben, sich in das 18. Jh. zurückzuwünschen; die Frage ist allerdings, inwieweit dies wirklich genuin etwas mit dem Begriff der „preußischen Tugenden" zu tun hat, oder nicht vielmehr erheblich tiefere Wurzeln aufweist.

Das Erbe der Ritter

Denn wenn die Erzählung um die Ungnade des von der Marwitz eines zeigt, so gerade nicht die tiefere moralische Qualität des preußischen Staates an sich, der ja, wie jeder andere absolutistische Staat, ganz vom Willen des Herrschers abhing und über keine oder doch nur wenige institutionell fest eingebaute Bremsen und Korrekturinstrumente verfügte: Nur solange der König fähig zur Selbstkritik war, konnte der letztlich lediglich auf Effizienz ausgerichtete preußische Machtapparat auch auf eine moralisch hochstehende Weise eingesetzt werden. Gerade die werte-mäßige Neutralität Preußens, in dem jeder „Nach seiner Façon selig werden" soll, und in dem „nur die Seelen dem Untertan gehören, alles andere aber dem König“, ist insoweit also kein Beispiel für einen moralischen Idealstaat, sondern vielmehr die Blaupause für den Verwaltungsstaat der Moderne, der viel mehr mit dem geistigen Erbe Kants und somit Preußens zu tun hat als etwa mit dem Modell des Heiligen Römischen Reichs und seinen doppelten wesensmäßigen Pfeilern von Subsidiarität und christlichem Transzendenzbezug.

Denn die Werte, auf die von der Marwitz sich ultimativ bezog, stammen nicht ultimativ aus dem Gesetzbuch des preußischen Staates: König Friedrich II. mochte zwar dessen erster Diener sein, war aber letzten Endes als „König und Herr“ auch dessen faktisch letztinstanzliche positive Rechtsquelle. Die Werte, die zur Ungnade führten, entstammten vielmehr einem Ehrgefühl, dessen Wurzeln viel tiefer reichten und sich keineswegs ein bloß historisch gewachsenes, im Kern also akzidentelles aristokratisches „Standesverhalten“ reduzieren lassen und auch nur bedingt mit jenen „preußischen Sekundärtugenden“ wie Fleiß, Pünktlichkeit, Sparsamkeit oder Ehrlichkeit zu tun haben, die allesamt nur prozedurale, nicht aber ontologische Bedeutung haben.

Denn der Aristokrat, ob in Preußen oder sonstwo, ist in seiner Essenz nicht etwa die militarisierte Variante des Beamten, sondern vor allem der späte Abkömmling des mittelalterlichen Ritters, dessen gleichsam metaphysische Freiheit und Unabhängigkeit ihn (im Gegensatz etwa zur feudalen Gebundenheit des Bauern) mehr als alle anderen auch dazu zwingt, sich im Rahmen des christlichen Liebesgebots aktiv für das Recht der Schwachen einzusetzen: Größeres Recht bringt auch größere Verantwortung zum Handeln, auch wenn zweifellos das Gottesgesetz für jeden gleichermaßen gilt.

Gehorsam oder Gewissen?

Die Plünderung herrenlosen Guts widerspricht, selbst im Krieg, der im Dekalog begründeten Pflicht zum Respekt vor dem Besitz des anderen, und so sehr der Wunsch nach persönlicher Vergeltung für angetanes Unrecht auch ein psychologisch verständliches Argument sein mag, so ist dessen „wilde", staatsrechtlich und moralisch ungedeckte Ausführung doch eine Tat, die für den echten, also selbstverantwortlichen Adligen ultimativ als unritterlich gelten muß und höchstens jenen überlassen werden kann, die sich in die unmittelbare Abhängigkeit des Herrschers begeben haben und entsprechend als bloße Verlängerungen seines Willens fungieren.

Freilich: Gerade die alt-preußische Geschichte jener Zeit, als dieser rein voluntaristische Militärstaat, der heute an der Weichsel und morgen am Rhein liegen konnte, da seine Identität ganz in seinem Heer und seiner Verwaltung aufging und weder eine nationale noch eine konfessionelle Identität besaß, ist voll von kauzigen Anekdoten des grollend vom Herrscher akzeptierten „Widerstands“ gegen die Staatsgewalt.

Doch wäre es falsch, diesen kurzen historischen Ausschnitt verabsolutieren oder gar zu einer statischen Utopie ausbauen zu wollen. Denn was hier moralisch ausgetragen wurde war nichts anderes als der erste Akt jenes Dramas, dessen Höhepunkt wir heute erleben: Der Kampf zwischen dem gottes- und naturrechtlich verankerten Gewissen des Einzelnen auf der einen Seite und dem immer erbarmungsloseren Druck einer werte-losen Verwaltung auf der anderen, die im Namen angeblich „rechtsstaatlicher“, beständig relativistisch verschobener Prinzipien und Prozeduren bedingungslosen Gehorsam einfordert.

Das alte Preußen, das aufgrund seiner institutionellen „Modernität“ diesen Konflikt früher und radikaler austrug als seine Nachbarn, konnte ihn noch provisorisch dadurch lösen und sogar in eine positive Dynamik umleiten, weil sowohl Adel als auch König sich in letzter Instanz auf ein Wertegerüst beriefen, das außerhalb des preußischen Gesetzbuchs verankert war. Denn wenn

Herrscher wie Volk fest in Tradition und Herkommen verankert sind, bedarf es weder vieler Gesetze noch institutioneller Gegengewichte, wenn auch schon der alte Zyniker Friedrich II. dieses Wertegerüst entsprechend dem Geist seiner „aufgeklärten Zeit“ nur noch als pragmatischen Sozialkitt verstehen und konservieren konnte.

Die ehrenlose Mehrheit

Nur nach der schrecklichen Erfahrung der Französischen Revolution konnte dann auch in Preußen – für eine kurze Zeit – verstanden werden, daß die „Dialektik der Aufklärung“ ultimativ die Rechtssicherheit des Einzelnen eher zerstörte als garantierte, und nichts weniger bedeutet dann auch die von Friedrich Wilhelm IV. angebrachte Inschrift auf der Kuppel des Berliner Stadtschlosses, welche in grundlegend unfriderizianischer Art die letztlich werteneutralen „preußischen Tugenden“ erneut explizit in der christlichen Transzendenz verankern sollte.

Doch war diese Einsicht nur von kurzer Dauer, denn rasch wurde der Gottesbezug der Restaurationszeit durch die Absolutierung der Nation, des Fortschritts, der Rasse und der Klasse ersetzt, um heute schließlich durch diffuse Begriffe wie „Klimakampf“, „Minderheitenschutz“ oder „Menschenrechte“ abgelöst zu werden, deren hoher Moralingehalt letztlich nur eine dürftige Fassade dafür ist, daß der durch Gottes- und Naturrecht gesetzte, absolute und transzendent begründete gesellschaftliche Rahmen des Abendlands durch den Relativismus des „Aushandelns“ ersetzt worden ist und der aus Aufklärung und Preußentum hervorgegangene moderne Staat sich mit Haut und Haar zum Handlanger jener neuen Götzen gemacht hat.

Kein Wunder, daß die Inschrift an der Kuppel des Berliner Stadtschlosses im Mittelpunkt einer heftigen Debatte steht, bei der es ultimativ um nichts weniger geht als um die Letztbegründung unseres Handelns: Ist es jenes von oben eingegebene „Ehrgefühl“, dem von der Marwitz gerne die königliche Gunst opferte? Oder ist es das Diktat eines absolut gesetzten Staates, der die ontologische Freiheit des Einzelnen längst durch das Gebot der Unterwerfung unter die ständig schwankende und beliebig manipulierbare angebliche „Mehrheit“ ersetzt hat?

J.R.R. Tolkien

„Widerstand“ muß nicht immer spektakulär sein und in der Tragik des Scheiterhaufens oder der Verbannung enden. Manchmal kann der Widerständler sogar mit allen möglichen Ehren überhäuft werden und in allgemeiner Anerkennung ein scheinbar glückliches Leben führen – und letzten Endes doch im tiefen Inneren „außen“ stehen und seine eigentliche Wirkung erst in die Zukunft hinein entfalten. Dies war zweifellos der Fall bei J.R.R. Tolkien.

Dreierlei Leiden

Eine glückliche Familie, ein Leben als Universitätsprofessor in Oxford, ein fester Freundeskreis gleichgesonnener Denker, der (späte) Weltruhm als Schriftsteller – was hätte Tolkien sich mehr wünschen können?

Und doch – etwas Unbestimmtes nagte an ihm, trieb ihn dazu, immer wieder seine wissenschaftliche Forschung zu vernachlässigen und sich von seiner Frau und seinen Kindern abzusondern, um in aller Einsamkeit bis in die frühen Morgenstunden in seinem Garagenzimmer in unzähligen neuen, niemals ganz abgeschlossenen Anläufen dieselben „fiktiven“ Geschichten von den drei Zeitaltern Mittelerdes niederzuschreiben und zu überarbeiten, ohne doch jemals ihre Publikation miterleben zu dürfen (mit Ausnahme des „Hobbits" und des „Herrn der Ringe", die beide eigentlich nur die Spitze des Eisbergs darstellen und im Gegensatz zum „Silmarillion" für Tolkiens Schaffen nur sehr bedingt repräsentativ sind).

Woher diese Unrast, was trieb Tolkien an und sonderte ihn gleichzeitig von den Seinen ab, schuf dadurch aber auch die Grundlage für ein Lebenswerk, dessen ganze Bedeutung als Widerstandsliteratur wohl erst uns Heutigen ganz offenbar wird, obwohl sie von Anfang an intendiert war?

Es war das Leiden an seiner Zeit – ein Leiden, das eine dreifache Qualität hatte: das Leiden an der Zeitlichkeit an sich, das Leiden an der Moderne, und das Leiden am eigenen Ungenügen.

Befleckte Schöpfung

Mit dem Leiden an der Zeitlichkeit ist bereits ein wesentliches Stichwort gegeben, das auf Tolkiens tiefen Katholizismus verweist. Tolkien hatte, wie so viele große Denker nicht nur des Abendlands, ein starkes Gespür für die Vergänglichkeit von Glück und Schönheit, war sich aber als Christ bewußt, daß diese Vergänglichkeit nicht etwa akzidentell war und langfristig durch Fortschritt in Wissen oder Technik aufgehoben werden konnte, wie so viele seiner positivistischen Zeitgenossen erhofften. Für Tolkien lag die Vergänglichkeit vielmehr im Wesen von Mensch und Natur begründet und ging letztlich auf den Sündenfall zurück, der darin bestand, daß die individuelle Willensfreiheit, mit der alle vernunftbegabten Wesen ausgestattet sind, nicht etwa zum Lob von Schöpfer und Schöpfung eingesetzt wurde, sondern zur aufsässigen Selbstverherrlichung des Einzelnen: Die Schöpfung, wiewohl von Anbeginn an gut, wurde somit durch das Böse befleckt und degenerierte rasch zu einem Schatten dessen, was hätte sein können.

Sich aus Hybris dem Weltenplan entziehen, um in scheinbarer Eigenverantwortlichkeit die Schöpfung zu korrigieren und dabei doch nur zu verschlimmern, ist somit die ultimative Wurzel des Schlechten – in Mittelerde wie der „echten" Welt. Wenn das „non serviam" Morgoths bzw. des Satans und seiner Diener letzten Endes doch nur immer wieder die Größe und Schönheit des göttlichen Werks hervorhebt, ja erst richtig zur vollen Entfaltung bringt, bleibt doch das bittere Gefühl einer befleckten Schöpfung und eines tragischen Fehlers, der in der Natur eines jeden denkenden Wesens – ob Elb, Mensch, Hobbit oder Zwerg – liegt, so daß selbst derjenige, der sich dem Bösen zu verweigern sucht, in die Verstrickungen des Sündenfalls und den Kampf um die Wiederherstellung der eigentlichen Ordnung hineingerissen wird:

> „Bei Feanors letzten Worten aber, daß die Noldor wenigstens Taten leisten würden, die auf immer in den Liedern leben sollten, da hob er den Kopf, als lauschte er auf eine Stimme von fern, und sagte: ‚So sei es! Als teuer bezahlt mögen jene Lieder gelten, und doch als wohlfeil. Denn der Preis könnte kein anderer sein. Wie Eru zu uns gesprochen: Unerahnte Schönheit werde Ea zuteil, und Böses soll gut sein, wenn es gewesen ist.' Mandos aber sagte: ‚Und doch böse bleiben.'" (Silmarillion)

Gleichzeitig mit der Versuchung der Selbstsucht ist dem Menschen freilich auch die Sehnsucht nach dem, was hätte sein können, eingeboren: das innere Verständnis, daß das Wahre, Schöne und Gute, wiewohl auf Erden nur unvollständig realisiert, eine tatsächliche greifbare Existenz hat und es das Ziel unseres irdischen Daseins ist, dieser Kraft nachzueifern und ihr Wesen hier und jetzt möglichst konkret in die Wirklichkeit umzusetzen.

Tolkiens gesamtes Werk ist voll von diesem Gedanken des „Widerstands" gegen das Böse und gegen die Hybris: In einer Zeit, in der nicht nur die anglikanische, sondern auch die katholische Kirche ihr Augenmerk zunehmend von der Transzendenz auf die Immanenz verlagerte und anstatt theologischen Grundfragen lieber „soziale Fragen“ ins Auge nahm, schuf Tolkien ein Manifest des Glaubens an die Schönheit, an das Wahre und an das Gute, das durch die Nostalgie, die es durchzieht, keineswegs gemindert, sondern noch gemehrt wird.

Dies leitet dann aber auch zum zweiten Thema weiter, nämlich Tolkiens Leiden an der Moderne. Wer auch immer mit wachem Verstand Texte wie den Untergang Numenors, die Beschreibung Mordors oder die Säuberung des Auenlands liest – ganz zu schweigen von Tolkiens Briefen –, weiß, wie sehr der „Professor“ die Zerstörung des alten England durch die Industrialisierung bedauerte und Maschinen, Fortschritt, Rationalismus und Moderne eine tiefe Skepsis entgegenbrachte. Tolkiens wahre emotionale Heimat war die alte, die vorindustrielle Welt, in der Mensch und Natur noch in jener Harmonie zusammenlebten, die in der ursprünglichen Schöpfung angelegt war.

Das Unbehagen mit der Moderne

Doch Tolkiens Leiden an der Moderne war nicht nur rein materieller Art, und es wäre falsch, sein Denken (wie manche Zeitgenossen es immer noch versuchen) auf einen simplen Proto-Ökologismus zu reduzieren.

Denn Tolkien bedauerte nicht nur die konkreten, physischen Auswirkungen der Moderne, sondern auch ihre spirituellen und politischen Konsequenzen: Die Demokratie selbst englischen Vorbilds war ihm stets suspekt – von allen Formen des linken oder rechten Kollektivismus ganz zu schweigen –, da er von Grund auf sowohl traditionalistisch als auch anarchistisch gesonnen war; und selbst innerhalb der katholischen Kirche stand er modernistischen Neuerungen, allen voran dem Zweiten Vatikanischen Konzil, mit großer Skepsis gegenüber.

Freilich hatte Tolkien im Gegensatz zu uns Heutigen den Vorteil, in den britischen Medien, dem Bildungssystem und den Eliten seiner Zeit noch über zahlreiche Bundesgenossen zu verfügen, doch minderte das nicht seine persönliche Tragik, in akuter Weise begriffen zu haben, ein rasch aussterbendes Relikt einer früheren Zeit zu sein. Gerade in den Briefen drückt sich Tolkien daher in einer Weise zeitkritisch aus, die ihm wohl schon damals, hätte er Ähnliches in einem Zeitungsartikel öffentlich formuliert, größte berufliche Scherereien eingebracht hätte. So schrieb er am 9.12.1943 an seinen Sohn Christopher:

> „Ich frage mich, ob es (wenn wir diesen Krieg überleben) nachher für reaktionäre Fossilien wie mich (und Dich) noch irgendeine Nische geben

> wird, wenn auch nur ein Plätzchen zum Leiden. Je mehr sich die Dinge ins Große auswachsen, desto kleiner, öder und platter wird der Erdball. Wenn einmal die amerikanische Hygiene, Moralreklame, Frauenrechte und Massenproduktion in Nah-, Fern- und Mittelost eingeführt sind, in der UdSSR, den Pampas, im Gran Chaco, im Donaubecken, in Äquatorialafrika, in Obernichtswieweghier und der Inneren Tandaradei, Gondhwanaland, Lhasa und den Dörfern im finstersten Berkshire, was werden wir dann erst froh sein!"

So ist Mittelerde denn nicht nur ein Manifest des Glaubens an die Transzendenz, sondern auch der historischen Unzeitgemäßheit; eine Grundposition, die durch die Hoffnung auf die „Rückkehr des Königs" durchaus revolutionär aufgeladen ist.

Subkreation

Als dritten und letzten Punkt wollen wir Tolkiens Leiden am eigenen Ungenügen betrachten, einer der wohl weniger bekannten Charakterzüge seines Werks, obwohl auch er eng mit dem Begriff des Widerstands verknüpft ist. Mittelerde war für Tolkien nicht nur ein Spleen oder ein Hobby, es war eine echte Mission. Denn er war zutiefst davon überzeugt, hier eine überzeitliche, geradezu schon tangible Wahrheit zu berühren, deren „historische“ Glaubwürdigkeit sich naturgemäß schwer in Worte fassen ließ, die ihm aber erheblich mehr bedeutete als ein bloßes Unterhaltungsprodukt.

Zum einen sah Tolkien seine mythopoetische Aktivität als eine Art Subkreation, die von der göttlichen abgeleitet war und zumindest teilweise deren Inhalt spiegelte; zum anderen empfand Tolkien viele der Bilder, die er im Legendarium umzusetzen versuchte, als Realitäten, die ihm im Traum und zunehmend auch im Wachen eingegeben worden waren, so daß er sich oft genug eher als Chronist denn als Erfinder betrachtete: „Ich habe längst aufgehört, zu erfinden [...]. Ich warte, bis mir scheint, ich wüßte, was wirklich geschehen ist.“, heißt es in einem seiner Briefe (Nr. 180); und in einem anderen (Nr. 145) schreibt er, daß jene Geschichten in seinem Geist entstanden seien als „gegebene Dinge: Immer hatte ich das Gefühl, etwas niederzuschreiben, das bereits schon gegeben sei, nicht aber, etwas zu ‚erfinden‘“.

Doch das Eingegebene war letztlich zu groß für seine begrenzte Schaffenskraft, wie sich in den unzähligen, immer neuen Anläufen zeigte, mit denen Tolkien das Material in eine konkrete Form zu bringen suchte. Und trotzdem unterlag Tolkien nie der Versuchung, sich mit dem jeweiligen gegenwärtigen Zustand seines Werks zufriedenzugeben oder definitive Entscheidungen über das Knie zu brechen: Der Drang, seiner Inspiration gerecht zu werden und den Gehalt des Offenbarten immer besser, kohärenter und schöner herauszuarbeiten, war stärker, und so widmete Tolkien den überwiegenden Teil seiner Schaffenskraft dem Kampf gegen seine eigene menschliche Schwäche als eine den Grenzen von Zeitlichkeit und Natur unterworfene Kreatur und opferte sie dem, was sich durch ihn zu manifestieren suchte – auch dies ein Akt der Hingabe und Selbstopferung im Dienst einer höheren Sache, der fundamental für jeden konstruktiven Widerstand steht.

Erbe und Vorbild

Widerstand: Nicht immer muß er politisch sein, und nicht immer muß er tragisch ausgehen – und trotzdem kann er gerade in der Zukunft höchste Wirkung entfalten. Tolkien ist ein ausgezeichnetes Beispiel dafür, wie man auch unter der Oberfläche scheinbaren Erfolgs doch nicht nur an der „condition humaine", sondern auch und gerade an seiner eigenen Zeit und seiner eigenen Unzeitgemäßheit leiden kann und, nahezu unbekannterweise, sein gesamtes Leben einer höheren Aufgabe zu widmen vermag, die dem Zeitgeist fundamental zuwiderläuft. Ist dies Eskapismus, wie Tolkien (bis heute) vorgeworfen wird? Mitnichten! Denn, um seine eigenen Worte zu zitieren („On Fairy Stories”):

> „Ich habe behauptet, daß ‚Flucht‘ [escape] eine der Hauptfunktionen von Märchen ist, und da ich sie nicht ablehne, ist es klar, daß ich den Ton der Verachtung oder des Mitleids nicht akzeptiere, mit dem das Wort ‚Flucht‘ heute so oft verwendet wird [...]. Warum sollte ein Mann verachtet werden, wenn er sich im Gefängnis befindet und versucht, nach Hause zu kommen? Oder wenn er, wenn er das nicht kann, über andere Themen als Kerkermeister und Gefängnismauern nachdenkt und spricht? Die Welt draußen ist nicht weniger real geworden, weil der Gefangene sie nicht sehen kann. Wenn die Kritiker den Begriff ‚Flucht‘ auf diese Weise verwenden, haben sie das falsche Wort gewählt. Außerdem verwechseln sie, wenn auch nicht immer aufrichtig, die Flucht des Gefangenen mit der Flucht des Deserteurs.“

Und bedenkt man die enorme Breitenwirkung, die Tolkien seit der Veröffentlichung des „Herrn der Ringe“ im ganzen Westen entwickelt hat, und die in den letzten Jahren trotz (oder gerade wegen) aller Angriffe auf Tolkiens Erbe immer noch an Bedeutung gewinnt, läßt sich der Eindruck kaum von der Hand weisen, daß hier ein einziger Autor durch ein Werk, das (fälschlicher- und naiverweise) der Kategorie der „Unterhaltungsliteratur“ zugerechnet wird, ja gar der übel beleumdeten Gattung der „Fantasy“, mehr für Glauben, Tradition und Konservatismus getan hat als die meisten Politiker des letzten Jahrhunderts.

Gerade heute sollte uns dies zu denken geben, haben wir doch oft den Reflex, auf die Zerstörung all‘ dessen, was uns lieb und teuer ist, mit der Kritik an den Zerstörern zu reagieren und auf Negativität mit Negativität zu antworten, anstatt vielmehr konstruktiv und kreativ aus demselben Brunnen der Tradition etwas Neues zu schöpfen, das die Sterilität bloßer Analyse überwindet und den großen Zeugnissen der Vergangenheit an die Seite gestellt werden kann.

Nur, wenn wir auch durch unsere Kunst im hier und heute immer wieder beweisen, was wir mit jenem „Abendland“ meinen, das wir gegen die innere wie äußere Zersetzung verteidigen wollen, können wir jene Vorbildwirkung entfalten, die auch in unseren Mitmenschen eine echte innere Hingabe an unser Erbe schaffen kann.

Über den Autor

David Engels, geb. 1979 in Verviers (Belgien), studierte Geschichte, Philosophie und VWL an der RWTH Aachen und war von 2008-2023 Lehrstuhlinhaber für Römische Geschichte an der Universität Brüssel (ULB). Er arbeitet derzeit, nachdem er von 2018 bis 2024 als Chefanalyst am „Instytut Zachodni“ in Posen wirkte, als Dozent für vergleichende Zivilisationsgeschichte an der ICES in der Vendée. Bekannt ist er einem breiteren Publikum neben seinen publizistischen Arbeiten und Kolumnen zur Gegenwartspolitik und zur Lage des Konservatismus v.a. für seine Studie „Auf dem Weg ins Imperium“ (Berlin 2014), in der er die Krise der EU mit dem Niedergang der Römischen Republik im 1. Jh. v.Chr. vergleicht, sowie Bücher wie „Renovatio Europae“ (Berlin 2018) und „Was tun“ (Bad Schmiedeberg 2020), die allesamt in zahlreiche europäische Sprachen übersetzt wurden. Seit 2017 ist David Engels ebenfalls Präsident der „Oswald Spengler Society“ und Herausgeber der Schriftenreihe dieser wissenschaftlichen Gesellschaft.

Weiteres aus der Edition Sandwirt

Den Sandwirt viermal im Jahr in Buchform nach Hause geschickt bekommen, auspacken, im guten Sessel zurücklehnen, lesen … Das Abonnement umfasst vier Sammelbände zum jeweiligen Beginn von Frühling, Sommer, Herbst und Winter. Die Beiträge werden von Sandwirt-Herausgeber Oliver Gorus unter den Beiträgen der jeweils letzten zwölf Wochen ausgesucht und zusammengestellt: www.sandwirt.de/shop

Impressum

1. Nachdruck 2025

Verlag: Edition Sandwirt, Mühlestraße 2, 78345 Moos

www.dersandwirt.de

Produktion, Cover, Layout & Satz: Gorus Media GmbH

Fotos: Adobe Stock, David Engels, Der Sandwirt

ISBN: 978-3-98617-062-2

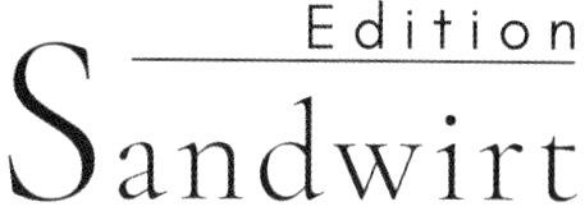